CLÍNICA DA EXCITAÇÃO

Blucher

CLÍNICA DA EXCITAÇÃO

Psicossomática e traumatismo

Diana Tabacof

Clínica da excitação: psicossomática e traumatismo
© 2021 Diana Tabacof
Editora Edgard Blücher Ltda.

Série Psicanálise Contemporânea
Coordenador da série Flávio Ferraz
Publisher Edgard Blücher
Editor Eduardo Blücher
Coordenação editorial Jonatas Eliakim
Produção editorial Luana Negraes
Preparação de texto Maurício Katayama
Diagramação Taís do Lago
Revisão de texto Andréa Stahel
Capa Leandro Cunha
Imagem da capa iStockphoto

Blucher

Rua Pedroso Alvarenga, 1245, 4º andar
04531-934 – São Paulo – SP – Brasil
Tel.: 55 11 3078-5366
contato@blucher.com.br
www.blucher.com.br

Segundo o Novo Acordo Ortográfico, conforme 5. ed. do *Vocabulário Ortográfico da Língua Portuguesa*, Academia Brasileira de Letras, março de 2009.

Dados Internacionais de Catalogação
na Publicação (CIP)
Angélica Ilacqua CRB-8/7057

Tabacof, Diana

Clínica da excitação : psicossomática e traumatismo / Diana Tabacof. – São Paulo : Blucher, 2021.

224 p. (Série Psicanálise Contemporânea / coordenação de Flávio Ferraz)

Bibliografia
ISBN 978-65-5506-193-2 (impresso)
ISBN 978-65-5506-194-9 (eletrônico)

1. Psicanálise 2. Trauma psíquico 3. Somatização 4. Psicossexualidade I. Título. II. Ferraz, Flávio. III. Série.

21-2359 CDD 150.195

Índice para catálogo sistemático:
1. Psicanálise

Conteúdo

Apresentação

A paixão pelo vasto domínio da psicossomática sempre me habitou. Sou de uma geração na qual a busca de superação dos limites vigentes e o desejo de emancipação do corpo foram motores. Nestes anos os ventos do oriente sopraram e práticas como a meditação e a yoga, as massagens e as dietas exerceram uma grande atração; as danças étnicas, as artes marciais, as diversas formas de expressão corporal e outras tantas disciplinas que visavam a fluidez da *energia vital* marcaram minha adolescência.

Nos anos de faculdade, descobri o Instituto Esalen, no Big Sur californiano, e os inúmeros centros de "desenvolvimento do potencial humano" da baía de São Francisco, entre outros "viveiros" da época, com seus *workshops* de terapias corporais e os mais diversos métodos, que buscavam o equilíbrio e a *unidade corpo-mente*.

No começo dos anos 1980 proliferavam as linhas ditas neorreichianas, baseadas em técnicas de "descarga emocional", assim como as escolas voltadas para a ampliação da consciência corporal, que defendiam uma nova "pedagogia do movimento", a partir de uma refinada mobilização do "corpo próprio". Os herdeiros de A. Lowen e da bioenergética, como S. Keleman com sua "anatomia emocional"; o grande M. Feldenkrais com seu método de "consciência pelo movimento"; a técnica de F. M. Alexander de dinâmica postural; a "eutonia" de G. Alexander, com seu profundo trabalho de percepção do sistema osteomuscular, para citar o que desse vasto campo mais me interessou, visavam promover, sempre a partir do corpo, um jeito harmonioso e maduro de ser e de estar no mundo.

Em todo texto que se pudesse ler relativo a esse universo no qual a experiência vivida era enaltecida, a superação do dualismo cartesiano era evocada. A concepção holística triunfava, estabelecendo relações entre o "micro e o macro", a "matéria e a energia", o "corpo e o espírito". Se, por um lado, esse movimento marcava um momento evolutivo na concepção do funcionamento humano, e a saída do reducionismo mecanicista e dualista do psique-soma (com um hífen), por outro, ele insuflava uma tendência de tipo neovitalista, impregnada, por vezes, de um certo pensamento mágico. O termo "energia" passou a ser utilizado nesse mundo das "novas terapias" de forma tão indiferenciada que se tornava até preferível não mais utilizá-lo.

Recém-diplomada pela Pontifícia Universidade Católica de São Paulo (PUC-SP), encontrei na clínica reumatológica que me empregou pacientes somáticos que acirraram meus questionamentos. Ali pude juntar elementos das diversas técnicas nas quais me havia formado e inventar um jeito de tratar. Os métodos de integração postural, as técnicas de relaxamento e a busca de uma melhor "habitação" corporal proporcionavam nos pacientes resultados gratificantes, porém a passagem da experiência vivida no corpo ao trabalho de elaboração mental que a psicóloga que eu havia me tornado desejava obter era muito difícil de manejar. A "liga" que necessitava, e os limites que devia integrar, pude entrever no horizonte por meio de minha própria psicanálise e da supervisão de meus casos por uma psicanalista que havia aceitado pensar comigo o enquadre híbrido no qual praticava. Minha concepção de energia passou a restringir-se à noção de *energia libidinal.*

O "salto misterioso do psíquico no corporal", evocado por Freud acerca do fenômeno conversivo, se aplicaria aos pacientes reumáticos, artríticos, polimiálgicos, dolorosos crônicos? Nessa época, a discussão sobre os limites do modelo da psiconeurose estava longe de ter a abrangência que progressivamente alcançou.

Minha entrada na clínica psicossomática e a busca de referências psicanalíticas já me haviam levado a G. Groddeck, mas sua concepção de um *continuum* somatopsíquico não havia deixado na história da psicanálise marcas nas quais pudesse me apoiar. A Escola de Chicago de F. Alexander, com sua forte tendência médica, nunca exerceu grande atração sobre mim. O nome de A. Garma era incontornável na comunidade psicanalítica latino-americana e abriu-me a porta para a descoberta de um psicanalista argentino chamado L. Chiozza, grande admirador de Garma, que criou seu próprio "sistema" e uma vasta obra em psicossomática e muito me mobilizou. Ali havia um concentrado de ideias que faziam do transtorno somático uma via de expressão de afetos reprimidos, concepção que explorava a famosa, e enigmática, passagem de Freud que diz serem os afetos "comparáveis a acessos histéricos universais, típicos e inatos". O enfermar traria em si uma história protossimbólica, e esse autor propunha a existência de "fantasias específicas ligadas a cada órgão", concepção bastante singular, que estendia o modelo da histeria à doença orgânica e a fazia contar a história dos mitos, da etimologia do nome dos órgãos, e por aí seguia. A descoberta dos "estudos patobiográficos" que esse grupo praticava, a partir das ideias de V. von Weizsäcker, um dos fundadores da antropologia médica, foi, não obstante, muito impactante. Uma abordagem anamnésica baseada no cruzamento de duas colunas paralelas, uma contendo os grandes eventos de vida do paciente e outra com os episódios somáticos que sofreu, dava uma visibilidade impressionante aos momentos em que as crises psíquicas e as somáticas coincidiam na linha do tempo. Uma terceira coluna era então traçada para deduzirem-se as fantasias em causa no adoecer do indivíduo, e ali entrava uma série de pressupostos que me fizeram abandonar esse pensamento "único", liderado por um mestre carismático.

O acúmulo de experiência clínica e a incessante busca de um referencial teórico levaram-me a conceber um projeto de doutorado em Paris. O desejo de situar minha pesquisa na filosofia das ciências e no estudo dos modelos epistemológicos do *body-mind problem* cedeu pouco a pouco a um projeto de tese clínico, em psicossomática. "Atitude corporal e somatização" foi o tema de pesquisa ao qual cheguei.

A Universidade de Paris VII no final dos anos 1980 oferecia uma grande riqueza de seminários. Ainda que me houvesse inscrito no laboratório de psicologia clínica, onde meus dois professores principais – M. Pagès (que propunha um modelo original que chamava de "sistema emocional", no qual havia um lugar para o corpo e para as psicoterapias corporais) e Sami-Ali (que desenvolveu uma teoria própria em psicossomática) – ensinavam, no laboratório de psicanálise podia-se assistir, por exemplo, às aulas magistrais de J. Laplanche e de P. Fedida. Um jovem professor particularmente brilhante havia lançado um livro chamado *O corpo entre biologia e psicanálise* (1986) e, no ano seguinte à minha chegada na França, publicou outro: *Repressão e subversão em psicossomática: pesquisas psicanalíticas sobre o corpo* (1989). Tratava-se de Christophe Dejours, que dava algumas aulas em Paris VII, por quem soube da existência de uma teoria em psicossomática psicanalítica muito estruturada, a qual ele criticava, mas na qual havia sido formado. Assim descobri a Escola de Paris de Psicossomática e cheguei ao Centro de Ensino e de Formação em Psicossomática, o CEFP, do Instituto de Psicossomática Pierre Marty, conhecido como Ipso.

A mudança de paradigma que propunha a teoria de Pierre Marty representou um verdadeiro choque para mim: "o sintoma somático é ignorante", ele não tem sentido nenhum! Não se trataria então de um "salto do psíquico no somático", mas de um não menos misterioso sintoma "que havia rompido toda ligação com o psíquico".

Pierre Marty, mestre fundador, faleceu em 1993. Pude então aproveitar seus ensinamentos por alguns anos, e tive a oportunidade de assistir a um "leão" que defende sua cria, sua escola, sua teoria. O grupo de psicanalistas que o circundava mantinha a atitude de reverência própria ao mundo aonde acabava de chegar, sem ter noção das regras vigentes. Foi assim que, durante uma apresentação de caso, levantei ousadamente (ingenuamente?) a mão para perguntar algo sobre as "somatizações simbolizantes", que haviam sido propostas pelo apresentador e que tinham sido totalmente eludidas durante a discussão. Os olhares se voltaram para a jovem impertinente. Tratava-se de uma hipótese de trabalho baseada nas ideias de Dejours, que se encontrava na sala, mas que também não defendeu seu ponto de vista. "Não valia mais a pena", explicou-me no final do seminário. Entendi naquele dia o que a política institucional gerava como exclusão para os que não se alinhavam. Sua dissidência da Escola de Paris estava configurada, e sua obra prosseguiu se desenvolvendo fora do Ipso. O questionamento acerca do "destino da simbolização nos processos de somatização" nunca me abandonou.

Para quem, como eu, acabara de chegar, fascinada com a novidade que representava esse pensamento e com a vitalidade da atividade clínica do Hospital da Poterne des Peupliers, o centro de consultas do Ipso, a possibilidade de me candidatar como estagiária, atender pacientes e ser supervisionada foi agarrada sem hesitação.

Em pouco tempo, meu projeto universitário se interrompeu e deu lugar a um longo processo de formação, para o qual muita paciência e, além disso, uma boa dose de "masoquismo erógeno" foram necessárias. Ter passado pelo divã do psicanalista que fez do "bom masoquismo" o "guardião da vida", confesso, muito me ajudou.

Assim, lancei-me, paralelamente à formação em psicossomática no Ipso, na formação em psicanálise na Sociedade Psicanalítica de Paris, instituição da IPA, à qual a grande maioria dos membros do Ipso pertencia. Foram anos extremamente fecundos. Na SPP foram os anos nos quais André Green defendeu o lugar das estruturas não neuróticas na prática psicanalítica e integrou os pacientes somáticos na ampla categoria dos "estados-limite". Lá encontrei igualmente um grupo de analistas que desenvolvia, a partir de J. de Ajuriaguerra, uma linha de trabalho com a qual muito me identifiquei, a psicoterapia psicanalítica corporal, e pude reintegrar assim, na minha prática clínica, elementos muito familiares à terapeuta corporal que havia sido.

Com a morte de Pierre Marty e a afirmação do lugar de Michel Fain no pensamento da Escola de Paris, a psicossomática ganhou ainda mais terreno na psicanálise francesa. Claude Smadja, Gérard Szwec e Marilia Aisenstein tornaram-se as principais referências da segunda geração de psicossomaticistas. As questões teórico-clinicas levantadas no Ipso revelaram-se muito proveitosas a todos que viessem a se interessar pela chamada "clínica contemporânea".

Situar o problema da constituição da unidade psicossomática a partir do modelo freudiano da pulsão, o "conceito-limite entre o psíquico e o somático", impôs-se assim a mim como uma evidência. A concepção de energia a adotar tornou-se decididamente a de *energia pulsional*. A organização-desorganização psicossomática dependeria então do processo de transformação da excitação de origem somática em uma energia psíquica pulsional, com seus encadeamentos e suas falhas. *Traumatismos*, a qualquer momento da vida, interviriam nesse processo de "pulsionalização da excitação somática", abrindo "brechas" no tecido psíquico, dando lugar ao que aqui chamo de *clínica da excitação.*

Nessa perspectiva, a somatização se apresenta como um resultado da ruptura das ligações somatopsíquicas e da liberação de cargas de excitação que, sobrecarregando o aparelho psíquico, produzem efeitos deletérios nos sistemas funcionais orgânicos. Os diversos casos clínicos aqui apresentados darão corpo, assim espero, a esses desenvolvimentos teóricos.

Com a integração do modelo bipulsional freudiano pelos novos psicossomaticistas da Escola de Paris, sensíveis à questão do "trabalho do negativo" greeniano, o equilíbrio-desequilíbrio da economia psicossomática passou a ser considerado correlativo ao movimento de união-desunião entre as duas grandes pulsões: Eros, com suas forças de vida, e a pulsão de morte, com suas forças destrutivas. Poderíamos conceber assim a coexistência de um *monismo psicossomático* e de um *dualismo pulsional.*

Com o passar dos anos fui ocupando postos de responsabilidade na vida institucional do Ipso e no processo de transmissão à geração de psicossomaticistas que se formam atualmente. Os artigos que este livro reúne são, na sua grande maioria, transcrições de conferências que proferi sobre a Escola de Paris, a pedido de diversas instituições. Por isso quero de antemão pedir a compreensão do leitor pela retomada, em vários destes textos, dos conceitos-chave do corpo teórico-clínico que busco transmitir. Tendo participado da criação de grupos no Brasil afiliados à Associação Internacional de Psicossomática Pierre Marty, a demanda de textos em língua portuguesa se fez frequentemente sentir. Espero que os artigos que compõem este livro possam ser úteis, sirvam para a integração do pensamento clínico em psicossomática e possam abrir novos questionamentos.

Não pense o leitor que a paixão se esvai com os anos que passam. Basta nos referirmos a minha paciente Clara, no artigo "Marcas do tempo: imagem e somatização", para verificarmos o quanto a experiência de vida, em qualquer que seja o modo de funcionamento do indivíduo, favorece o sentimento de liberdade e a vontade de saber.

1. Psicossomática psicanalítica hoje: o modelo pulsional da Escola de Paris[1]

No início dos anos 1960, não muito longe de onde Freud, com a equipe de Charcot, descobriu a histeria, um grupo de psicanalistas da Sociedade de Paris reunidos em torno de Pierre Marty iniciou uma nova aventura. *A investigação psicossomática*, obra fundadora publicada em 1963, assinada por Marty, Christian David e Michel de M'Uzan, foi o resultado de uma pesquisa psicanalítica estimulante e original, iniciada no meio hospitalar com pacientes que apresentavam patologias somáticas diversas, e que levou à construção de um conjunto teórico inovador e de um pensamento clínico singular. Um novo objeto de estudo foi criado, inscrito no terreno já conquistado da metapsicologia freudiana: "a organização psicossomática".

Rompendo com as classificações psicossomáticas existentes até então, sobretudo aquelas da medicina psicossomática, esses

1 Conferência de abertura da I Jornada de Psicossomática Psicanalítica da Sociedade Brasileira de Psicanálise de SP – A Psiquização do Corpo, na Sociedade Brasileira de Psicanálise de São Paulo (SPBSP), em 31 de outubro de 2014. Publicada na *Revista Brasileira de Psicanálise*, *50*(2), 2016.

precursores não procuraram definir os perfis dos doentes em função de doenças específicas, como a Escola de Chicago, nem estenderam, como nas outras correntes analíticas, o modelo da histeria às doenças somáticas. Para os precursores da Escola de Paris, nem as doenças nem os doentes seriam considerados "psicossomáticos": o ser humano é psicossomático por definição. Tratar-se-ia mais precisamente da abordagem de um psicanalista formado nessa clínica, que seria "psicossomática".

Voltando aos anos 1960, um espírito de descoberta se impôs verdadeiramente no contato dos analistas com esses pacientes. Devemos lembrar que estes não se encontram espontaneamente nos consultórios dos "psis", sobretudo nessa época, sendo, portanto, assíduos frequentadores dos serviços médicos.

Gisele W. ou Gilbert C., dois exemplos entre as sete observações contidas em *A investigação psicossomática* (Marty, De M'Uzan & David, 1963), a primeira sofrendo de enxaquecas severas e esterilidade, e o segundo de uma cardiopatia, se afastam muito das descrições de Augustine ou de Anna O. Neles, nenhum sintoma ruidoso ou grande eloquência teatral se manifesta, o drama se passa em surdina: esses casos se aproximam daqueles que foram denominados ulteriormente de "normopatas", ou, dito de outra maneira, esses pacientes revelam uma sintomatologia psíquica "negativa".

Apresentando sintomas propriamente orgânicos (funcionais ou lesionais), nem conversivos, portanto, nem hipocondríacos, esses pacientes são bem-adaptados ao mundo que os rodeia, não manifestam sofrimento ou queixa na esfera psicoafetiva ou comportamental: eles consultam por seu sofrimento físico. Retomando os termos dos autores da investigação psicossomática: esses pacientes estão absorvidos por um objeto interior somático, opaco e resistente à interpretação, impressionantemente dissociados de sua subjetividade.

Em um comentário recente sobre Gisele W., De M'Uzan (2009) evoca a "contratransferência doutrinal" segundo a qual o psicanalista tende a "neurotizar" o paciente e privilegiar a inscrição da problemática no registro psicossexual e procurar o "sentido" do sintoma. Na releitura de Gisele W., ele cita sua tendência de interpretar o aparecimento das cefaleias no primeiro dia das regras da paciente como dependente do "psíquico" e da "angústia de castração", para logo em seguida "cair na realidade", pois a visão de conjunto do material mostrou a fragilidade de seus esforços. Nessa paciente, a infiltração do pré-genital no seu funcionamento, suas limitadas possibilidades de simbolização e a restrita manipulação mental dos fantasmas denotavam uma problemática narcísica fundamental. A emergência dos conflitos na esfera genital teria reavivado sua oralidade primária, cujo teor agressivo tornava insolúvel a equação edípica e seu tratamento psíquico. As enxaquecas ocupariam o espaço do conflito intrapsíquico, este, inelaborável. Mulher hiperativa, tendo se organizado a partir de uma notória reivindicação fálica, "braço direito de seu pai" e "suplente" da sua mãe, nos seus próprios termos, sempre pronta a "ajudar os outros" e particularmente a "cuidar de crianças", desejando mesmo "possuir crianças": seu funcionamento conduziu os investigadores não em direção a um conflito inconsciente próprio à neurose, mas na pista de uma neurose de comportamento. O componente de descarga motora era indispensável no seu funcionamento e, ao invés de interna, a cena psíquica parecia se desenrolar externamente, por meio dos atos e de seu comportamento, na ausência de culpabilidade ou rivalidade manifestadas por sintomas neuróticos clássicos. Por trás de sua aparente força e duvidosa capacidade de metaforização, ilustradas por expressões como "Eu sou como um leão!", em Gisele W. a ferida narcísica estava pronta a despertar e o risco de desabamento espreitava, fazendo dela uma paciente muito frágil. No final de seu comentário, De M'Uzan se refere ao trabalho com esse tipo de paciente, dizendo que este impõe uma "política de beira de abismo". Foi o mesmo de M'Uzan que propôs nos anos 1990 a eloquente expressão "escravos da quantidade" (De M'Uzan, 1984/1994), em referência a essa clínica.

Nesse mesmo sentido, para dizer algumas palavras sobre Gilbert C., a atitude extremamente comedida, feita de "tensão e calma", desse paciente coronariano visava o domínio total de sua angústia durante a investigação psicossomática, vivida por ele como uma penetração intolerável e perigosa. A precariedade de suas defesas psíquicas, diante do contato caloroso criado pela proximidade do psicanalista, em vez de mobilizar, por exemplo, defesas obsessivas, desencadeou seus sintomas somáticos, anunciadores de uma crise de angina: transpirações, palpitações, problemas de dicção etc. Foram experiências desse tipo que conduziram Marty a recomendar aos psicossomaticistas que tivessem "a prudência de um desarmador de minas", ou seja, a prudência de quem se aproxima de zonas explosivas do psiquismo.

Um certo número de entidades clínicas provenientes dos estudos psicossomáticos foram desde então descritas, hoje bem conhecidas e muitas vezes integradas na linguagem psicanalítica contemporânea. Assim, citamos o pensamento operatório, a depressão essencial, a reduplicação projetiva ou, mais recentemente, os procedimentos autocalmantes. A fenomenologia do factual e do atual, presente no discurso desses pacientes, foi amplamente reconhecida. Interessantes relações foram estabelecidas com outras pesquisas, como no caso da alexitimia.

Esse conjunto semiológico regularmente observado pelos psicanalistas em contato com doentes somáticos, caracterizado pela ausência de liberdade associativa, pela raridade de expressões afetivas e fantasmáticas espontâneas, pela relativa ineficácia do trabalho do sonho, dos processos sublimatórios e simbólicos diversos, permitiu que se pudesse constatar uma ausência de fluidez entre os processos inconscientes e a consciência, e postular a existência de falhas no tratamento psíquico das excitações corporais mobilizadas pelas experiências vividas, e de sua ligação às representações mentais.

A emergência de angústias difusas e invasivas, uma intensa utilização do registro perceptivo e da sensório-motricidade como vias de regulação das tensões compõem também esse quadro, caracterizando o que denominamos "clínica da excitação" (Tabacof, 2008).

O ponto de vista econômico é, desse modo, central no corpo teórico-clínico da Escola de Paris. Trata-se de um ponto de vista transformacional, que abarca as mutações energéticas nos dois sentidos: tanto das excitações de origem somática em material psíquico como da degradação dos materiais psíquicos em manifestações somáticas.

Em confrontação constante com o modelo habitual das neuroses de transferência e à luz de observações clínicas que se multiplicaram com a criação do centro de atendimento de adultos e crianças em 1978, nossos pioneiros psicossomaticistas distanciaram-se da linhagem das psiconeuroses de defesa e aproximaram-se da linhagem das neuroses atuais, definidas por Freud no início de sua obra, e das neuroses traumáticas mais tardias. Assim surgiu uma nosologia mais adaptada às somatoses (para diferenciar das neuroses e das psicoses), distribuídas entre dois grandes grupos: as regressões somáticas, que são as doenças funcionais ou passageiras, e as desorganizações progressivas, que constituem o quadro das doenças mais graves e/ou degenerativas. Três grandes grupos foram delimitados na classificação econômica de Marty (utilizada na investigação psicossomática do centro de consultas, e retomada no fim do tratamento para apreciação da evolução dos casos): as neuroses com sintomatologia psíquica, as neuroses de caráter com níveis variáveis de mentalização e as neuroses de comportamento – cada categoria dessa classificação sendo associada a particularidades semiológicas oriundas da psicanálise, descritas caso por caso.

Marty (1976, 1980, 1984, 1990) legou uma verdadeira chave para a compreensão da economia psicossomática, propondo três modos de transformação do fluxo das excitações: a mentalização (por meio das operações psíquicas, das mais simples às mais complexas), o comportamento (por meio dos atos e das descargas musculares e sensório-perceptivas em geral) e a somatização (por meio dos sintomas mais passageiros às doenças mais graves). Cada indivíduo disporia de uma gama pessoal, com a presença de gradientes variáveis desses modos de expressão (mentalização, comportamento e somatização) mais ou menos constante no seu funcionamento habitual, mas sujeito a variações em diversos momentos e circunstâncias da vida. Isso pode ser concebido igualmente como uma referência no interior de uma mesma sessão e *a fortiori* ao longo de um processo analítico: o paciente podendo privilegiar certas modalidades de expressão no início, ou num momento dado, vindo a sensivelmente modificá-las em contato com o analista e o trabalho analítico.

Para ilustrar tais remanejamentos, podemos considerar como exemplo um paciente cujo discurso de tipo operatório, invasivo e detalhado – sobre a doença, sobre os tratamentos ou os fatos cotidianos, cuja função defensiva e antitraumática deve, sem dúvida, ser preservada enquanto necessário – pode dar lugar, no seio da relação transfero-contransferencial, a uma re-dinamização significativa. O re-investimento libidinal progressivo, tanto narcísico quanto objetal, permitirá que o paciente, apoiado num tipo de relação inédita e identificado ao funcionamento do analista, venha a interiorizar o prazer do funcionamento mental, mobilizando sua associatividade e desenvolvendo novos recursos internos. A sintomatologia negativa de ordem psíquica e a ausência do afeto de dor psíquica propriamente dito vão ceder no mais das vezes, ainda que lentamente ou de forma descontínua, fazendo com que, a partir do regime econômico antitraumático, sequências psicodinâmicas se construam. Estaríamos aí no âmago do que, em termos atuais, chamamos de "trabalho de somatização" (Smadja, 2013). Analogamente à expressão de "trabalho de luto" ou "de melancolia", o "trabalho de somatização" se desenrola à medida que, por meio do processo analítico, um encadeamento de eventos psíquicos significativos toma forma e se revela como precondição econômica à "solução somática" encontrada pelo paciente. O movimento de reorganização é assim impulsionado.

Voltando à nossa breve genealogia das ideias, o ponto de vista econômico baliza a obra freudiana desde os *Estudos sobre a histeria* (Freud, 1895/2006) até o *Moisés* (Freud, 1937/2018b) por meio do tema do traumatismo. Freud se refere à neurose traumática insistindo sobre o caráter somático (o choque do organismo provocando um afluxo de excitação) e o psíquico (o terror) do traumatismo. É a partir desse mesmo modelo que os processos de desorganização foram concebidos.

Desse modo, uma potencialidade traumática, trazendo em si uma potencialidade de desorganização psicossomática, existe ao longo de toda a vida e em cada um. Traumatismos precoces ou mais tardios, súbitos ou cumulativos, ou ainda reativados de modo inesperado: são esses choques que colocam à prova a capacidade das funções psíquicas para regular a homeostasia do humano.

O traumatismo na perspectiva psicossomática não se define pelo tipo ou extensão de um evento ou situação dada, mas pela gravidade de desorganização que produz em um indivíduo determinado. Quando a tensão interna gerada pelas excitações desencadeadas escapa ao tratamento mental e persiste em quantidade excessiva, uma função fisiológica ou um sistema funcional corre o risco de desorganização, pois, de acordo com Marty (1980), cada função só pode integrar uma quantidade limitada de excitações. A resistência aos impactos desorganizadores dependeria das capacidades defensivas e, no nível do aparelho psíquico, da funcionalidade das representações mentais disponíveis no pré-consciente, de sua quantidade e de sua qualidade, e da fluidez de sua circulação entre a consciência e o inconsciente.

O pensamento de Marty se apoia em uma teoria da representação que circula no interior da primeira tópica freudiana, sendo o pré-consciente a plataforma giratória da economia psíquica, lugar de enriquecimento recíproco entre as representações de coisa e de palavra. Esse pressuposto, que tem base na primeira tópica, foi ampliado com a evolução do pensamento da Escola de Paris, como será desenvolvido mais adiante.

Para compensar a insuficiência dos mecanismos mentais neuróticos, foi postulada pelos psicossomaticistas (e isso marca uma ruptura com Freud) sua substituição por mecanismos de defesa somáticos, muito arcaicos no plano evolutivo. Isso se embasaria na noção de uma energética comum às funções psíquicas e às funções somáticas. Um princípio de equivalência energética foi proposto por Marty:

> *... entre a atividade relacional com um objeto exterior, a atividade relacional com a representação [interna] de um objeto exterior; a atividade mental enquanto tal, intelectual ou fantasmática; e a atividade somática perturbada. ... É por isso, que se pode observar um problema visceral ou muscular se substituir à relação do sujeito com uma pessoa significativa. (Marty, De M'Uzan & David, 1963, p. 13, tradução nossa)*

Do ponto de vista clínico, esse princípio de equivalência energética entre diversos registros de expressão nos conduz a ampliar a escuta dos conteúdos psíquicos – explicitamente formulados e ligados a representações – a todas as manifestações perceptivas e observáveis no face a face analítico: mímicas, gestuais, sensório-motoras, álgicas, neurovegetativas etc. A captação da "expressão associativa" do paciente (assim designada para diferenciar da "associação livre") por meio da "atenção flutuante perceptiva" do analista (Botella, 2014) abre o campo das transformações do material emergente, inscrevendo-o numa dinâmica de figuração e de inteligibilidade. Nisso o papel transformador do analista, pela sua própria capacidade de regressão formal e de restituição progressiva ao paciente dos diversos estratos do material, torna-se central.

Podemos considerar, seguindo os recentes desenvolvimentos da Escola de Paris, que essa equivalência energética entre funções somáticas e funções psíquicas procede de elas terem em comum seu fundamento pulsional. Seriam as transformações qualitativas da energia pulsional que conduziriam a toda gama de expressões clínicas, das mais psíquicas às mais somáticas e comportamentais. Notemos que Freud indica em vários momentos esses movimentos de repartição libidinal, que têm por consequência o desaparecimento de uma sintomatologia psíquica com o aparecimento de um estado doloroso ou lesão corporal, e vice-versa (Freud, 1920/1989c, 1924/1992a).

Vemos assim a noção de energia pulsional se delinear na problemática aqui tratada, e de fato a questão da pulsão foi se tornando central na continuidade dos trabalhos de nossos pioneiros. Vamos tentar declinar, em algumas palavras, os "avatares" e "destinos" dessa problemática, porque as posições divergem e o campo é vasto e complexo.

Pierre Marty era absolutamente monista. Ele jamais aderiu ao dualismo pulsional proposto na segunda teoria freudiana das pulsões. Evolucionista antes de tudo, concebeu a existência de uma energia vital única, que alimentava tanto os instintos quanto as pulsões. Para ele, o princípio evolucionista seria responsável pela mutação do instintual em pulsional.

Ele propôs um modelo no qual o movimento energético, em seu sentido evolutivo, ganharia mais e mais em qualidade libidinal, o nível mais alto deste modelo piramidal, sendo a organização psíquica edipiana tendência que se inscreve no movimento de vida. Esse mesmo tronco energético pode tomar um caminho contraevolutivo, regressivo, de desorganização e desqualificação libidinal, seu nível mais baixo sendo representado pelos processos orgânicos letais, inscritos no movimento de morte. Notamos que no interior do monismo martyniano estão incluídos os dois movimentos de vida e de morte, que recorta o dualismo formado pela pulsão de vida e pela pulsão de morte, sem que, entretanto, este faça parte de seu modelo.

Para Smadja (2001b, 2008), que representa hoje, de certa forma, a nova tendência do pensamento da Escola de Paris, o monismo psicossomático é indiscutível, porém deve ser articulado de forma resoluta com o dualismo pulsional. Finalmente, é por meio da pulsão que "se atam e se desatam as ligações psicossomáticas". O corpo da psicossomática fica assim redefinido como um corpo pulsional, e, nessa lógica, as funções fisiológicas estão submetidas ao funcionamento das pulsões. Considerando os escritos de Freud em 1923 em O *ego e o id*, que afirma que "em cada pedaço da substância viva estariam ativas as duas espécies de pulsões, . . . em uma mistura em proporções desiguais" (1923/1991, p. 284), a noção de energética pulsional se complexifica. Partindo dessa ideia, o psicanalista deve construir sua compreensão dos fenômenos psicossomáticos em referência aos movimentos pulsionais eróticos e/ou destrutivos em jogo, no seio da organização de seu paciente.

Observamos então que, ao longo do tempo, a noção econômica de "excitação em excesso", presente na linguagem psicossomática desde o seu início para designar a origem das desorganizações, torna-se, no espírito dos psicossomaticistas contemporâneos, o equivalente a uma "desintrincação pulsional", trazendo a marca seja de uma insuficiência, de uma diminuição ou de uma perda de libido, o que tem como consequência a liberação da destrutividade interna, rompendo assim o equilíbrio da unidade psicossomática (Aisenstein, 1990).

Assim, nas teorizações mais recentes, o paradigma da excitação vai dar lugar ao paradigma da pulsão e do seu dinamismo.

Parece-me evidente que um novo retorno ao "conceito-limite" entre o somático e o psíquico fez-se necessário neste vasto campo que nos ocupa, pois o trajeto da pulsão inscreve nele mesmo o devir psicossomático, e as falhas nesse trajeto são também as falhas na ligação soma-psique.

A definição freudiana de 1932 esclarece de maneira precisa sua trajetória somatopsíquica. "Da pulsão pode-se distinguir a fonte, o objeto e a meta: a fonte é um estado de excitação corporal; a meta a supressão dessa excitação. É no caminho da fonte à meta que a pulsão torna-se psiquicamente eficiente. Em regra geral, nesse trajeto" – afirma Freud – "encontra-se interposto um objeto externo" (1932/1995a, p. 119). Nessa definição de 1932, o objeto está situado no caminho do tornar-se psíquico da pulsão, entre a fonte corporal e a meta, que é a satisfação.

Para André Green (1995, 1997), que trouxe uma grande contribuição ao pensamento psicossomático nas últimas décadas, pulsão e objeto formam um par indissociável, um não pode ser concebido sem o outro. Para ele, o objeto faz parte da montagem pulsional: seja porque ele falta, modificando seriamente seu trajeto, seja porque ele é o meio pelo qual seu alvo pode ser atingido. O objeto, nessa perspectiva, é ao mesmo tempo o revelador da pulsão e o agente da intrincação das pulsões. A dinâmica objetalização-desobjetalisação, sobre a qual não posso me estender aqui, é o equivalente da dinâmica intrincação-desintrincação pulsional e, *a fortiori*, da dinâmica organização-desorganização.

Em psicossomática, uma verdadeira teoria da relação de objeto se esboça, ao meu ver, por meio da noção de função materna. Criada por Marty para situar a importância das interações precoces na construção da unidade psicossomática, mas também para designar a base do trabalho do analista nesta clínica, essa noção continuou sendo enriquecida por seus sucessores ao longo do tempo.

É no âmago da função materna que os processos trans-formacionais se produzem, permitindo que a partir do corpo biológico advenha o corpo pulsional. A metáfora proposta por Christophe Dejours (1986), da roda que transforma a água em energia, descreve esse processo de apoio e transformação do corpo biológico em um corpo erógeno, o que esse autor prolífero no campo da psicossomática indica como da ordem de uma subversão libidinal.

Da qualidade do investimento do corpo e dos sistemas funcionais somáticos da criança (alimentar, de excreção, respiratório, do sono e outros) dependerá a ancoragem de pontos de fixação somática e das tramas psicossomáticas ulteriores. Com a irrigação do corpo da criança pela libido, a energia sexual psíquica de Eros proveniente do mundo pulsional dos objetos, por meio dos diálogos táteis, tônicos, sonoros, verbais e pré-verbais, o trabalho de ligação das excitações somáticas e da destrutividade, sempre ameaçadora, torna-se eficiente. São essas trocas libidinizantes que asseguram a instalação das zonas erógenas e da dimensão psicossexual propriamente dita.

É com Michel Fain (1971, 1981, 1991; Braunschweig & Fain, 1975) que o desenvolvimento pulsional individual será minuciosamente elaborado na teoria. Ele formulará a noção de imperativo de complexificação do instintual originário, a partir das negociações operadas entre a autoconservação e as pulsões sexuais, que conduz à organização genital edipiana. Somente ao longo desse caminho é que se pode considerar que o destino da pulsão será concluído (acabado). Os obstáculos nesse caminho, devido aos percalços do encontro com o objeto, dificultariam o movimento de complexificação, substituindo-o, para fins defensivos, por um imperativo de desenvolvimento prematuro das pulsões do ego. O amadurecimento etapa por etapa do aparelho psíquico e de suas instâncias se vê assim comprometido, o ego toma as rédeas, o destino pulsional permanecendo assim num estado "inacabado".

Os trabalhos conjuntos de Denise Braunshweig e Michel Fain (1975) vão fornecer os elementos para que se compreenda como essa complexidade do destino pulsional poderá advir, ou fracassar.

A libidinização do sono do bebê pela mãe é apontada por esses autores como o "prelúdio à vida fantasmática" e onírica, em outras palavras, de abertura aos processos de mentalização. O investimento materno, paraexcitante e tingido da ternura que provém de sua pulsão sexual inibida quanto à meta, assegura à criança o rebaixamento do tônus corporal e a integração progressiva dos autoerotismos, dando acesso às satisfações passivas, indispensáveis aos processos de interiorização e de coexcitação libidinal. A instalação do sistema sono/sonho assegura as bases do narcisismo primário e representa a primeira forma autônoma de identificação. Esse movimento é marcado pela descontinuidade do investimento da mãe, que se desvia de sua criança para se voltar ao pai da criança.

A mãe, tornando-se amante do pai, impõe à criança uma censura, equivalente a uma mensagem de castração, designada por Braunschweig e Fain (1975) como a "censura da amante". Nessa configuração edípica precoce, altamente carregada de erotismo, a identificação da criança com sua mãe ou, mais precisamente, a identificação da criança com o prazer dos autores da cena primitiva, da qual ela é ao mesmo tempo excluída, torna-se o protótipo do traço mnésico inconsciente e dos primeiros recalques. A passagem do corpo a corpo da mãe com seu filho ao corpo a corpo com seu amante exige de sua parte uma sólida ancoragem superegoica, herdeira de seu próprio Édipo, e que assegura o trabalho de dessexualização e de ressexualização no nível de seu pré-consciente.

As falhas nesse processo, devido aos mais diversos obstáculos, fazem a criança correr um risco permanente de desintrincação pulsional, pois as massas de excitação são intensas e necessitam da força intrincante de Eros para serem reguladas. A instalação do masoquismo erógeno primário tem aqui um papel estruturante, de guardião da vida, pois somente a ligação da libido às forças da destrutividade, desencadeadas pelos estados de frustração e de angústias das mais diversas magnitudes, pode assegurar o frágil equilíbrio.

Na ausência ou insuficiência dos processos intrincantes, no lugar dos fantasmas originários organizadores e da riqueza da vida fantasmática, uma brecha se abre, na qual um autoerotismo irrepresentável se instala. Para tratar dessa excitação indiferenciada, que os autores chamam de "sensorialidade traumática primária", são convocadas medidas calmantes para reduzir as excitações a zero, que usam as propriedades da pulsão de morte. Estaríamos aí no registro do chamado masoquismo erógeno mortífero, descrito por Benno Rosenberg (1999).

Nessa conjunção paradigmática de um estado traumático que coloca em perigo a construção das bases narcísicas da criança, de acordo com o modelo de Michel Fain, uma prematuridade do ego se instala, apoiada pelo sistema percepção-consciência e pela sensório-motricidade. Diferentemente do sistema precedente, no qual a "censura da amante" é eficaz e alimenta o inconsciente recalcado, este sistema defensivo convoca a supressão e a clivagem, deixando em suspenso os "restos" não representados, os *fueros* evocados por Freud, numa configuração próxima igualmente da descrita por Ferenczi (1932), em que prematuridade e clivagem sucedem ao trauma. Para André Green, processos dessa mesma ordem induziriam a uma "introjeção do negativo".

Notem que as defesas antitraumáticas do ego e a tentativa repetitiva de redução da excitação descritas na linhagem traumática pela psicossomática estão na origem de uma série de procedimentos ditos autocalmantes, como propuseram Gérard Szwec (1998) e Claude Smadja (2001b), assim como do funcionamento operatório, considerado hoje em dia um vasto sistema autocalmante.

Para Fain e Braunschweig, em conclusão, a função materna estrutura o aparelho psíquico e organiza as pulsões parciais da sexualidade infantil, criando uma reserva de representações mentais de natureza psicossexual, aptas a ligar as excitações sexuais, assegurando assim o equilíbrio entre Eros e a destrutividade, indispensável à conservação do equilíbrio psicossomático.

Nessa perspectiva, que integra a segunda tópica, não podemos mais conceber o funcionamento do pré-consciente, tão importante em nosso modelo depois de Marty, como apenas o lugar das representações. No modelo pulsional da segunda tópica, o inconsciente abriga as moções pulsionais do id, "a mais velha província" nos termos freudianos de 1924, enraizadas na organização somática. No pré-consciente atravessam as cargas energéticas provenientes do id, que exercem uma pressão do inconsciente sobre o consciente e que estão em busca de qualificação, como enfatizou Marilia Aisenstein (2010) no recente artigo "As exigências da representação". Trata-se de cargas de afeto, presentes de forma rudimentar no id, verdadeira força pulsional em busca de significação e, por meio desse mesmo movimento, em busca do objeto.

A questão do afeto vem assim ocupar um lugar de destaque no léxico psicossomático atual. Trata-se de restituir ao afeto seu lugar na teoria psicanalítica, como quantidade psíquica ligada às fontes somáticas da pulsão, e de redimensionar a importância da eficácia da ligação do afeto à representação, no trabalho de elaboração psíquica. Principalmente porque sabemos que esse processo fracassa em uma clínica como a nossa, na qual o desligamento do afeto prevalece. Claude Smadja (2011) indica, nesse sentido, uma passagem em *O ego e o id* em que Freud anuncia que as formações de afetos podem chegar diretamente à consciência sem estar associadas às representações, e que no plano clínico elas têm a forma de descargas de afetos brutos e desorganizados. Estamos aqui outra vez no coração das problemáticas contemporâneas do irrepresentável, do "informe", da clínica da violência, do ato e da somatização.

A partir dos trabalhos de Green, tomando aqui como referência o seu livro *O discurso vivo* (1973), o afeto e a representação são considerados duas modalidades do sistema representacional. Esse processo primitivo de qualificação da quantidade de excitação no interior da célula afeto-representação foi enfatizado por Green, que nota que isso pode ser alterado, objeto de desqualificação e de requalificação, em função das oscilações do equilíbrio de Eros e da destrutividade. No cerne desse processo se manifestam as diferentes figuras do trabalho do negativo.

Ora, a depressão essencial, o estado que precede a desorganização somática descrita por Marty e encontrada regularmente em nossa clínica, é caracterizada por uma abrasão dos afetos. Em certas organizações essa desafetação pode ser uma marca de funcionamento instalada muito precocemente. Joyce McDougall (1989) não cessou de apontar a questão da "desafetação" do "antianalisando", paciente para ela vulnerável à somatização. Na perspectiva greeniana, a neutralização de afeto corresponderia a uma repressão radical de todo espectro representacional. Christian Delourmel (2014), em um texto publicado há alguns meses, elaborou essas questões, à luz da Escola de Paris. Eu o cito: "este processo de desqualificação do afeto se ataca à raiz do pulsional, produzindo uma degradação da excitação que vai até os confins do id, isto é, [o] soma" (p. 54). Nesse sentido, a desorganização somática é concebida como uma figura do negativo.

Uma pequena digressão se impõe aqui:

É curioso notar que foi pela clínica das organizações não neuróticas (dos estados-limite principalmente) e de seus impasses que a noção de trabalho do negativo surgiu e que a questão da destrutividade tornou-se um centro de preocupações na paisagem psicanalítica francesa contemporânea. Recordemo-nos que foi convocando os fatos clínicos que colocavam em dificuldade o método analítico – a neurose traumática, a compulsão à repetição, a reação terapêutica negativa, o masoquismo – que Freud (1920/2002) avançou a ideia de um "além do princípio do prazer", em que dominam as forças destrutivas.

Notamos assim a continuidade existente entre nossas pesquisas psicossomáticas e o movimento evolutivo do pensamento psicanalítico. Essa evolução da teoria não deixa de afetar o pensamento clínico, inclusive em sua dimensão técnica. Infelizmente não posso aprofundar aqui essas questões fundamentais.

Gostaria de concluir citando um trabalho de 2011 de Claude Smadja, em que ele afirma que "O ponto de convergência conceitual entre as diversas correntes psicossomáticas é o dos laços existentes entre a vida afetiva e os sintomas do corpo" (Smadja, 2011, p. 148). Ele constrói esse artigo por meio de um hábil desenvolvimento acerca da metapsicologia do afeto, da montagem pulsional e da formação da dupla primordial afeto/representação.

Vou extrair desse texto duas asserções que sintetizam muito bem nossa proposta: "Eu qualifico de trabalho de psiquização do corpo o processo de transformação do afeto que o conduz do seu estatuto inconsciente ao seu reconhecimento consciente" (p. 155). Em seguida:

> *O destino do trabalho de psiquização do corpo depende do equilíbrio entre os mecanismos de união e desunião no interior da ligação do afeto e da representação. . . . E, mais fundamentalmente e precocemente ainda, isso repousa na formação inicial da célula pulsão-objeto, isto é, da união do corpo com o mundo dos objetos. (p. 155)*

Tudo isso nos pareceria muito abstrato se não tivéssemos nossa clínica psicossomática (mas não somente), na qual se reconhecem imediatamente essas implicações metapsicológicas. A clínica contemporânea nos convida continuamente a discriminar esses encadeamentos e desencadeamentos.

2. Clínica da excitação: o papel da função materna[2]

Introdução

A *neotenia* como condição primordial do humano inscreve o risco vital no cerne da sua existência. Intrinsecamente prematura, a vida do recém-nascido está por um fio; essencialmente dependente, a parte desempenhada pelo meio de acolhimento é decisiva. "*O próprio do bebê é o trauma*", como se diz na clínica psicossomática da primeira infância. A organização psicossomática em vias de construção conservará a marca das condições iniciais, favoráveis ou desfavoráveis, e por vezes lhe pagará tributo.

Em *Projeto de uma psicologia*, Sigmund Freud (1895/2006) confere a essa experiência inaugural humana uma grande densidade. Do grito de desamparo do recém-nascido (*Hilflosigkeit*), pura

---

2 Capítulo publicado no volume *Excitation* [Excitação], organizado por I. M. Kamieniak e F. Nayrou, para a coleção Débats en Psychanalyse [Debates em Psicanálise] (Paris: PUF, 2020).
Tradução de Paulo Sérgio de Souza Jr.

descarga físico-química de uma tensão interna gerada pela premência da necessidade (*Drang*), Freud faz partir uma função secundária, a de "comunicação" – o perigo primordial tornando-se, então, "a fonte originária de todos os motes morais". No espírito do *Projeto*, "o indivíduo prestativo" tem como tarefa efetuar o "trabalho da ação específica" adequado, apto a "neutralizar o estímulo endógeno" premente e a eliminar a "pressão" no interior do corpo daquele que está em perigo, o que o organismo nesse estágio é incapaz de realizar sozinho. Esse objeto que presta socorro – cuja resposta é, em boa parte, de natureza *instintual* – adquire, no decorrer do texto freudiano, sucessivas qualidades. O "outro" (o *Nebenmensch*) é o "auxílio externo", a "pessoa atenciosa", o "ser humano próximo", e também "o primeiro objeto de satisfação e, além disso, o primeiro objeto hostil, assim como o único poder auxiliar" (Freud, 1895/2003a, p. 595).

Encontramos nesse desenvolvimento freudiano de primeira hora uma ressonância no trabalho do psicossomaticista tal como desenvolvido pela Escola de Paris. Uma formulação de Pierre Marty (1990, p. 95) diz que esse trabalho vai "*da função materna* à psicanálise". Nesse sentido, o papel do *Nebenmensch*, na situação de psicanalista psicossomaticista em relação com o paciente que sofre (criança ou adulto), desloca-se por um espectro que vai do polo conservativo, em que se desenrola a dimensão terapêutica da relação de apoio, garantindo prioritariamente uma regulação de ordem vital no *campo das excitações* endógenas ou exógenas, até o polo sexual, em que a transferência erótica domina, evoluindo para o *campo pulsional*, matizado pelo conflito prazer-desprazer, bem como pelo seu "além". Isso não corresponde necessariamente a uma progressão temporal de um polo a outro no decorrer do tratamento de um paciente, mas a dimensões constituintes desse trabalho, solicitadas de maneira variável durante o processo, em momentos precisos, por razões precisas. A noção de *função materna*, proposta por Marty nos anos 1970, é não somente aquela exercida pela mãe, o seu substituto e/ou o seu entorno junto ao bebê, mas também a do psicanalista psicossomaticista em seu papel de terapeuta com o seu paciente. Uma função materna coletiva é igualmente vislumbrada, exercida pela família, pela equipe médica, pelos cuidadores em geral e pelos outros grupos dos quais o doente somático se cerca.

As premissas que conduziram a tal concepção do materno como função são, sem dúvida, do foro das especificidades da clínica psicossomática. O interesse pelo desenvolvimento dos sistemas funcionais somáticos, pela sua regulação e pelos seus riscos de desregulação nos primeiros momentos da vida é aí central. Uma função de suplência exercida pelo(s) objeto(s) externo(s) é requerida para que o ser prematuro possa sobreviver e continuar o seu desenvolvimento. O mesmo ocorre com o doente somático (criança ou adulto) que demanda condições específicas de escuta e de acompanhamento, em função dos desequilíbrios, temporários ou permanentes, da sua organização psicossomática.

Em 1926, em *Inibição, sintoma e angústia*, Freud retorna ao trauma do nascimento, evocando o quanto o objeto materno, "que antes atendera todas as necessidades do feto mediante os mecanismos de seu ventre, prossegue com esta *função* também após o nascimento", introduzindo, com isso, a noção de um "objeto psíquico materno" (Freud, 1926/2014, p. 80). Nessa passagem, Freud visa, em particular, as condições de uma *transformação* que vai significar "um primeiro grande avanço no desvelo pela autoconservação" (Freud, 1926/2014, p. 80). Trata-se de uma passagem evolutiva no bebê que parte de uma resposta à experiência de perigo que sucede no registro econômico da descarga automática de excitações (pela musculatura, pela atividade pulmonar, pela voz etc.), para ir em direção a uma resposta que se inscreve numa dinâmica que se tornará objetal. As cargas energéticas internas vão, com isso, ser qualificadas; a angústia adquire o valor de um sinal que antecipa o perigo da perda do objeto investido. Esse passo decisivo na evolução do humano, que faz com que *do quantitativo possa advir o qualitativo*, interessa no mais alto grau à psicossomática psicanalítica. A clínica da somatização a partir de Marty é aquela em que esses processos transformacionais são alterados, *o fator quantitativo permanecendo prevalente*, em detrimento da qualificação das excitações somáticas mediante as diversas operações psíquicas, reunidas sob o termo *mentalização*.

Essa clínica é considerada uma *clínica da excitação*: o modelo da angústia automática e o seu indício – o transbordamento de excitações – são, junto com o da neurose traumática, os pontos metapsicológicos de partida para abordar essa clínica cujo corolário é o processo de somatização. Para Marty, que era fundamentalmente monista, a função materna é concebida a partir da primeira tópica e da primeira teoria das pulsões. Com a evolução das ideias – e as contribuições, em especial, de Michel Fain, o seu parceiro de jornada –, a segunda tópica e a última teoria pulsional freudiana são introduzidas. O pensamento teórico-clínico da Escola de Paris integra então, em sua evolução, o problema da destrutividade para compreender o fenômeno da somatização. Um modelo bipulsional foi então proposto (Smadja, 2001b, 2008, 2014). Na psicossomática atual, a noção de *excesso de excitações* torna-se equivalente à de *desintrincação pulsional*, também signo de um processo de *deslibidinização* (Aisenstein, 1990).

A noção de "função materna" será desenvolvida aqui, e duas vinhetas oriundas da clínica da excitação, como frequentemente é encontrada no *Instituto de Psicossomática de Paris*, virão ilustrar as nossas afirmações.

Vinheta I

Tereza está sentada na beirada da poltrona com o corpo projetado para a frente. Ela fala de forma muito rápida e febril; de vez em quando os seus olhos se enchem de lágrimas, sem que ela expresse, no entanto, afetos bem construídos. Na casa dos quarenta, essa mulher - que vive sozinha e não tem filhos - conta a "luta" com os seus sintomas somáticos que não encontram remédio: sensações de queimação "que sobem" até o esôfago, dores de cabeça e nas costas e, ultimamente, o que mais a inquieta, um enfisema pulmonar que a impede de praticar esportes - algo de que ela tem grande necessidade para "desanuviar"... Contudo, parou de fumar há muitos anos; e se pergunta, depois de ler na internet, se ela não "pegou isso" por causa de suas repetidas bronquites durante a infância.

Esse quadro semiológico, no qual o regime econômico está visivelmente em primeiro plano - evocando os "escravos da quantidade" descritos por De M'Uzan (1984/1994) -, é marcado pela emergência de angústias difusas e invasivas, uma emotividade sem objeto preciso para além do desalento vinculado aos sintomas somáticos enunciados, assim como um estado de vigilância agudo acompanhado por atitudes musculares rígidas. Uma tendência à mobilização intensiva do sistema sensório-perceptivo é digna de nota. A associatividade da paciente é restrita; o trabalho de acompanhamento do analista vai ser convocado para que ela possa reduzir sua angústia e se colocar a pensar. As suas dificuldades com a passividade e o temor de uma nova doença - que a impedem de utilizar, por meio da atividade esportiva, o seu meio privilegiado de descarga das excitações carentes de vinculação - fazem a sua angústia "pegar fogo". A rememoração das bronquites infantis, por incitação do analista, vai abrir o campo das lembranças e permitir o fracionamento em sequências dinâmicas do material bruto da sessão. Isso faz com que apareçam, por um lado, as falhas da função materna presentes quando Tereza era criança (a mãe tendo sido uma mulher extremamente colérica e ocupada com o trabalho; o pai, muito ausente; e o irmão mais velho, o ideal dela, mas que a havia destratado bastante) e, por outro, o papel desempenhado pelos seus transtornos somáticos durante a infância, permitindo momentos regressivos privilegiados, os únicos que puderam favorecer o repouso da menininha – que, desde muito cedo, era agitada e traquina – e mobilizar a atenção familiar para ela.

Diante de uma paciente como essa, o analista, no exercício de sua função materna, se encontra diante de toda a *organização psicossomática* da paciente, constituída ao mesmo tempo por mecanismos psíquicos, atividades sensório-motoras e expressões funcionais somáticas. Ele não tem de lidar somente com as "associações livres", geralmente não muito espontâneas em uma paciente no estado em que Tereza se encontra, mas com toda a gama da sua *expressão associativa* (Marty, De M'Uzan & David, 1963).

O campo da relação abre-se, ao lado das expressões verbais, para suas expressões mímicas, gestuais, prosódicas, posturais etc., assim como para suas expressões somáticas: álgicas, respiratórias, musculares, entre outras. O analista terá de apreciar, nessas manifestações que contêm elementos transferenciais, o que está em jogo em termos objetais e imagoicos a fim de modular a distância em relação ao paciente – jogo muito delicado nessa clínica.

Seguindo uma equação de Marty, haveria apenas três modos de tratamento da excitação: a mentalização, o comportamento e a somatização. A apreciação dessas modalidades expressivas ao longo da sessão – os seus gradientes, as suas incidências, as discordâncias entre elas e as suas múltiplas combinações – pode servir de bússola para as escolhas do analista. Estas podem ir das intervenções de apoio – como aquelas descritas por Catherine Parat (1995), a propósito da *relação ou transferência de base* – até as interpretações psicanalíticas clássicas, lançando luz sobre a transferência, as angústias de intrusão, de castração, entre outras, associadas às representações recalcadas e às imagos, quando suficientemente bem construídas.

A função materna e a implementação do sistema de paraexcitação

A função materna na concepção martyniana é, antes de mais nada, conservativa. Ela finca as suas raízes na herança filogenética e é de natureza instintual. A organização psicoafetiva materna (ou do que desempenha a função), inclusive as inscrições inconscientes que são do foro do seu próprio passado infantil, conferem-lhe o seu matiz, mas Marty insiste na dimensão "primitiva e profunda" dessa identificação à criança, no jogo dos "sinais" trocados com o adulto e da regulação, feita por este, dos "tempos de intervenção e de não intervenção no nível de uma infinidade de comunicações: sensório-motoras, infraverbais, verbais, de alimentação, de cuidados etc." (Marty, 1980, p. 37). Nos anos 1950, Marty e Fain (1955) divisaram um nível identificatório basal, o de uma *identificação motora primária*, situado nas origens da relação de objeto, cuja participação pode ser facilmente concebida durante o estabelecimento das primeiras vinculações.

A implementação do *sistema de paraexcitação* desempenha um papel capital na função materna. Uma filtragem constante das *massas de excitação* que invadem o bebê é requerida para garantir a sua *redução* e evitar que ele seja exposto ao seu impacto de forma demasiado intensa e prolongada. Quer se trate de excitações exógenas (frio ou calor, ruído, luz etc.) ou endógenas (fome, sede, desconforto, dor), o seu efeito durável tem um alcance traumático e conduz a uma desorganização que coloca a criança em perigo direto. Essa *dosagem* da excitação é de um manejo delicado, pois uma diminuição importante do aporte de excitações, numa espécie de assepsia exagerada, por exemplo, seria igualmente nociva.

Essas regulações homeostáticas primeiras preparam para a unificação do *mosaico primário*, segundo Marty; isto é, para a coesão progressiva das diversas funções somáticas que, no início, exercem-se de maneira relativamente anárquica e independente umas das outras, dando por vezes uma impressão caótica, com gritos e choros que remetem a pistas diversas e levam a uma confusão de zonas, típica de um *estado de excitação desorganizada* (Debray & Belot, 2008).

No modelo evolucionista de Marty (1976), dois estágios se intercalam: o da *automação*, implicando a instalação dos esquemas sistêmicos *standard*, universais e iterativos, próprios ao patrimônio humano; e o da *programação*, exigindo qualidades de resposta mais precisas e nuançadas do objeto, a partir da percepção dos sinais da criança e do seu desejo evolutivo. Se os sinais da criança são negligenciados ou ignorados, uma *desorganização intrassistêmica* que coloca em perigo a organização psicossomática virá em seguida, o princípio de base sendo o fato de que, "em qualquer fase da vida, as funções - sejam elas isoladas umas das outras ou organizadas entre si - podem integrar apenas uma quantidade limitada de excitações" (Marty, 1980 p. 126). Os traumas desorganizadores, responsáveis pelos transbordamentos de excitação, fazem parte da vida; eles são necessários e benéficos, pois favorecem as *fixações somáticas* que possuem um potencial defensivo e reorganizador (as bronquites de Tereza são um exemplo disso). Conforme os desenvolvimentos especulativos de Marty a esse respeito, cujo valor heurístico é certo, os reiterados *retornos regressivos* às funções postas em causa e repetitivamente excitadas trazem uma contribuição libidinal singular que *se fixa* progressivamente (Marty, 1976, p. 121).

Essas fixações funcionais constituiriam a base não somente das particularidades psíquicas do indivíduo (a exemplo das fixações clássicas, orais, anais etc.), mas também de suas particularidades biológicas. Marty vislumbrou considerar essas fixações como "uma extensão da noção freudiana de *traços mnêmicos*" (Marty, 1976, p. 97), podendo se inscrever diretamente no soma.

A clínica psicossomática da criança é um lugar privilegiado de observação dessas desregulações funcionais. Lembremos que se trata aqui prioritariamente das funções relacionais entre a criança e os seus objetos; e notemos também que uma quantidade importante de órgãos e sistemas fisiológicos associam-se a esses locais de contato – em torno das zonas orificiais, por exemplo, que concernem à higiene ou à alimentação, ou das diversas zonas do corpo implicadas nas brincadeiras ou nos cuidados em geral. O desafio decisivo aqui é o das condições de *erogenização* das funções, no seio dos registros múltiplos de trocas entre a criança e os seus objetos, mais precisamente da *ligação das excitações somáticas pela libido objetal*, como regulador psicossomático essencial, ao qual voltaremos em seguida. A constituição de um *corpo erógeno* a partir do *corpo biológico* é o destino evolutivo aqui vislumbrado; o modelo da "*subversão libidinal*" proposto por Christophe Dejours nos anos 1980 é aqui uma referência (Dejours, 1986).

Léon Kreisler, coautor da importante obra *L'enfant et son corps* [A criança e o seu corpo] (Kreisler, Fain & Soulé, 1974), determinou três fatores que podem estar presentes nas interações patógenas, aptas a favorecer as desorganizações somáticas na criança: a sobrecarga de excitações (devido às falhas da paraexcitação); as distorções (por exemplo: pela solicitação excessiva de uma zona erógena, pelas incoerências qualitativas ou nos ritmos de intervenção, pelo entrave à autonomização da criança etc.); a insuficiência crônica de carga libidinal e a carência de aportes afetivos (Kreisler, 1991, p. 175).

Vinheta II

Erik é um menino de 3 anos que não "aprendeu a dormir". Pode-se dizer que "o adormecimento tornou-se traumatogênico" (Szwec, 2002), para ele e para os seus pais, que se encontram num estado de grande esgotamento e oscilam entre a raiva com essa situação e um sentimento de considerável humilhação diante da sua impotência. A partir dos 6 meses de idade aparece em Erik um tremendo eczema, prendendo a família no ciclo infernal de curtos períodos de sono, o menino acordando em plena crise de choro, coceiras, solicitações para dormir na cama dos pais. Ele tem um irmão três anos mais velho, e o anúncio da gravidez imprevista perturbou os projetos dos pais, que tinham a separação em vista. Durante a gravidez, a mãe perde o próprio pai, enquanto o marido confessa uma relação amorosa com outra mulher. Quando eu os encontro para uma psicoterapia conjunta pais-filho, seguida de um período de alternância entre Erik e cada um dos pais individualmente, a criança está se desenvolvendo bastante bem no plano da aprendizagem; ela fala e desenha bem, brinca com as outras crianças na creche. Em casa, as brigas com o irmão mais velho são turbulentas; Erik é de uma exigência tirânica com os pais; ele não suporta a frustração e, para se acalmar, adquiriu o costume, quando no colo da mãe, de puxar de forma rítmica uma mecha dos cabelos dela, a ponto de machucar.

Essa configuração familiar dá a ver imediatamente as marcas do mal funcionamento da função materna com Erik e mobiliza a função materna no analista. Este deve conter e filtrar os transbordamentos de excitações próprias a essa situação e, sobretudo, permitir a saída do estado de quase sideração no qual eles se encontram, abrindo alas à expressão de cada membro da tríade, pela palavra, pelo olhar, por desenhos etc. A repressão dos afetos nos adultos é extremamente custosa e corre a todo momento o risco de "desabar". Para além dos conflitos que colocam em jogo os afetos de despeito, ciúme e remorso, do lado materno; e, do lado paterno, de desdém, cólera e impaciência – tendo podido ser reconhecidos, nomeados e historicizados –, revela-se o fato de que reina entre os pais uma violência mal controlada para a qual seria preciso poder encontrar meios de ligação pulsional. Um material de origem transgeracional exerce igualmente uma importante pressão sobre a tríade. O analista cuida para que essas zonas explosivas não sejam negadas e procura mobilizá-las com tato e integrá-las no contexto geral – os transtornos da criança constituindo o ponto de chegada. A "prudência do desminador", conhecida máxima de Marty, é particularmente solicitada nesses tratamentos, mas a instalação numa "comunidade da recusa" (Fain, 1982) é um risco ao qual é preciso ficar atento.

As distorções na organização familiar em torno do sono são notáveis: o pai dorme na sala (e sonha com outra mulher que não a mãe de Erik), a mãe dorme na cama do casal (e sonha com "voltar a ser um" com o seu bebê, objeto de múltiplas satisfações, de ordem sobretudo edípica, num modo melancólico), o quarto das crianças é um campo de batalha. O estado de excitação de Erik não cessa, o eczema é devastador, a implementação do sistema de paraexcitação é um fracasso. Um *procedimento autocalmante* exercido sobre o corpo da mãe (seus cabelos), assumindo a forma de um sadomasoquismo de comportamento, marca o fracasso dos autoerotismos e da implementação do duplo retorno pulsional.

A função materna, a libidinização e o trabalho da pulsão

Não há função materna sem infiltração do Eros do objeto que a exerce. Com os trabalhos conjuntos de Denise Braunschweig e Michel Fain (1975), a sexualidade da mãe entra em jogo no seio de uma constelação edipiana precocíssima e será possível conceber, com isso, a *mutação do registro das excitações somáticas no registro psíquico, passando pelo sexual*. Um novo estrato identificatório é proposto: o de uma *identificação histérica primária* da criança aos conteúdos eróticos inconscientes maternos.

Nessa concepção, a mãe (o objeto que investe) em sua função estruturante é aquela que assegura uma descontinuidade dos seus investimentos e desinveste a criança em prol dos seus investimentos eróticos de adulta – instalando, assim, um limite por meio da introdução de uma instância terceira entre ela e a criança, designada por esses autores como a *censura da amante*. Essa configuração vai de mãos dadas com uma inconfessável vontade de "se livrar" do filho para satisfazer os seus próprios desejos, dos quais a criança está excluída (*o único meio legal de se livrar de uma criança é fazê-la dormir*, lembra Michel Fain), que introduz o conflito no cerne da função materna. O imperativo de desinvestimento da criança, no qual o adormecimento é um momento-chave, impõe uma condição inaugural de perda – perda de um objeto que se encontra ainda em vias de constituição como alteridade.

Logo, não há função materna sem infiltração da pulsão de morte do objeto. A separação durante o adormecimento é uma experiência potencial de desintrincação pulsional – sendo o objeto "*intrincante*", a sua perda é "*desintrincante*" (Rosenberg, 1998; Ribas, 2002).

As singularidades de gestão desses desinvestimentos determinam destinos diversos. Em seu sentido evolutivo, o papel da função materna é fazer com que se desenrolem, ao mesmo tempo, a para-excitação e a libidinização do sono, bem como de todas as grandes funções sucessivamente. O investimento terno, considerado aqui como "desvio quanto à meta da excitação sexual adulta" (Green, 1997), deixa a marca de Eros na criança após o seu desinvestimento, da qual ela se servirá para alimentar os seus autoerotismos, *ligando as suas próprias excitações* à libido deposta pelo objeto por meio dos jogos com o seu próprio corpo. Assim a criança poderá suportar a frustração dolorosa da ausência, potencialmente destruidora, desintrincante e desorganizadora no plano psicossomático. A ativação bem-sucedida de uma instância coexcitante, de retenção das cargas eróticas e de intrincação às forças destrutivas da pulsão de morte - ou seja, o *masoquismo erógeno primário* - vai se tornar, com isso, a caução de uma resiliência diante dos traumas de toda grandeza vida afora (Rosenberg, 1999). Esse destino, prelúdio ao *nascimento da vida fantasmática*, instala o *sistema sono-sonho*, alicerce dos processos alucinatórios e das operações de mentalização (Fain, 1971, 1998).

No sentido contraevolutivo, as falhas da função materna impedem *a complexificação do destino pulsional* (Fain, 1993) como descrita anteriormente. Essa complexificação implica a aquisição de uma tolerância à passividade - sustentada pelas capacidades autorreflexivas oriundas da instalação do *duplo retorno da pulsão* (Freud, 1915/1988), indispensável à interiorização do objeto - e, *a fortiori*, ao movimento regrediente do repouso e do sono.

Tanto Erik quanto Tereza suportam mal a passividade e o repouso. A interiorização da paraexcitação e a eficiência das ligações libidinais no seio de seus aparelhos psíquicos foram comprometidas, poderíamos dizer, no seio de uma função materna falha, em sentidos quase opostos um ao outro, mas igualmente patogênicos. Se Tereza teve de crescer sem a ternura materna e se "autonomizou", tendo de se virar sozinha, Erik tem dificuldade de deixar o colo de uma mãe que não o desinveste. Podemos dizer de forma sintética, com Gérard Szwec (2002), que a função materna em uma teria sido *desintrincante*, ao passo que, no outro, *superintrincante*; e, em ambos os casos, *inintrincantes* (p. 12). Tanto num caso como no outro, os destinos pulsionais parecem ter se orientado na direção da constituição de uma organização psicossomática frágil, com a hipertrofia das funções do eu e seus companheiros de viagem: o superinvestimento do sensório-perceptivo e da motricidade. Nesses casos, a presença investidora de um objeto externo para sustentar os seus funcionamentos mentais e as suas vidas afetivas terá uma função vital; e a sua perda pode ser um fator de desorganização psicossomática profunda.

Conclusão

Se para Marty o desafio principal da função materna é o de assegurar *a consumação (ou acabamento) da maturação somática* da criança e de sua conservação, Michel Fain, de sua parte, com a noção de "censura da amante", visa *a consumação (ou acabamento) do seu destino pulsional* ("*l'achèvement de son destin pulsionnel*", segundo sua expressão) — ambas as concepções sendo perfeitamente complementares. Na esteira de Maurice Bouvet (1958/2006), o *objeto* é concebido por esses autores como o edificador da organização psicossomática e alavanca da intrincação pulsional, o pleno exercício da vida pulsional tornando-se assim uma garantia da estabilidade das funções somáticas.

A função materna do psicanalista psicossomaticista junto de seu paciente somatizante seria, então, a de favorecer a transformação do campo das excitações e a retomada das ligações pulsionais, sendo a irrigação do soma pelas correntes de Eros o fator primeiro de neutralização das forças da destrutividade.

3. Particularidades do enquadre e da técnica na clínica psicossomática[3]

Considerações teóricas

Pacientes que sofrem de patologias orgânicas raramente procuram um psicanalista espontaneamente. Frequentemente, chegam aos consultórios devido a um sofrimento que se manifesta na esfera psicoafetiva. Ainda que as expressões somáticas façam parte da psicopatologia de modo geral, infiltrando-se na clínica por meio de sintomas de origens diversas (conversivos, hipocondríacos, psicóticos, acidentais etc.), foi necessário um contexto específico para que a abordagem psicanalítica dos pacientes portadores de patologias orgânicas se desenvolvesse.

A psicossomática psicanalítica da Escola de Paris nasceu do encontro entre um grupo de psicanalistas reunidos em torno de

---

3 Conferência proferida no Moscow Institute of Psychology and Psychoanalysis, em 2 de março de 2018. Artigo publicado na *Trama, Revista de Psicossomática Psicanalítica*, São Paulo, *2*, 2020.
Tradução de Pedro Marky-Sobral.

Pierre Marty, nos anos 1960, e pacientes somáticos encaminhados por médicos de diversos serviços hospitalares. Uma nova clínica se apresentava aos psicanalistas, dando origem a novas problemáticas teórico-clínicas, as quais interrogavam a abordagem clássica. A realidade clínica impõe suas regras. Sabemos que foi Emmy von N. quem sugeriu a Freud a técnica psicanalítica, interpelando-o ao dizer: "Cale-se, doutor. Escute-me!".

O questionamento do método analítico diante dos impasses clínicos faz parte da história da psicanálise. Ao final da Primeira Guerra Mundial, o problema do traumatismo e das neuroses graves impôs a necessidade de ajustes técnicos, os psicanalistas tendo sido solicitados, inclusive, à cabeceira dos doentes nos hospitais. O artigo de Freud "Caminhos da terapia psicanalítica", publicado em 1919, tornou-se referência; cito-o: "Muito provavelmente também seremos obrigados, ao utilizarmos a nossa terapia com as massas, a fundir o ouro puro da análise em grande medida com o cobre do sugestionamento direto . . ." (Freud, 1919/2017, p. 202). O texto encerra afirmando que, "seja de que forma essa psicoterapia . . . se configure . . . as suas partes mais eficazes e mais importantes certamente serão aquelas emprestadas da Psicanálise propriamente dita, livre desta ou daquela tendência" (p. 202).

Em 1922, Sándor Ferenczi e Otto Rank elaboraram um balanço de suas práticas clínicas em uma obra chamada *Perspectivas da psicanálise*, na qual denunciavam a rigidez das regras do enquadre diante de pacientes que não as toleravam: "quando a análise não funciona", ressaltaram, "nos consolamos dizendo que o paciente é 'muito narcísico', o que dissimula, na verdade, uma insuficiência técnica" (Ferenczi & Rank, 1922/1994, p. 47).

Ferenczi (1927/1982a), cuja produção no domínio técnico é extensa, colocou em perspectiva a ideia de uma "economia do sofrimento", afirmando que aquilo que poderia ser proposto aos pacientes neuróticos não poderia ser imposto aos pacientes com carências narcísicas graves, sob o risco de colocá-los em perigo. Seria, então, necessário "oscilar entre o princípio da frustração e o princípio do *laisser faire*" (p. 91).

O título do texto de Freud de 1919 foi retomado por Green em 2006 num volume coletivo chamado *Novos caminhos da terapia psicanalítica: o dentro e o fora* (Green & Coblence, 2006). Voltado às questões colocadas pelas organizações ditas não neuróticas, foram contempladas nos diversos artigos as práticas clínicas dos estados--limite, dos distúrbios alimentares, das adições, das passagens ao ato, da criminologia e da somatização.

No prefácio da nova tradução francesa do volume *A técnica psicanalítica* (Freud, 1904-1919/2007), Christophe Dejours (2013) ressaltou, a respeito dos ajustes técnicos e da evolução da clínica, que "a fronteira entre a infração inteligente e a deriva inaceitável não é fácil de ser estabelecida". O autor indica que as *infrações* podem ser ultrapassadas sob a condição de que, anteriormente, a regra tenha sido conhecida, compreendida e aceita: "A capacidade de explicitar e de justificar o distanciamento da regra não a destrói, mas permite, pelo contrário, manter a referência comum (ou seja, fazê-la evoluir coletivamente)" (Dejours, 2013, pp. 12-13).

Retomando a história da Escola de Paris de psicossomática, notamos que o contato dos analistas com pacientes somáticos levou ao desenvolvimento de uma técnica de entrevista original, chamada *investigação psicossomática* (Marty, De M'Uzan & David, 1963), e a uma concepção singular do enquadre, da técnica e dos processos terapêuticos. A investigação psicossomática partiu da "anamnese associativa" de Hélène Deutsch, mas modificações foram agregadas pouco a pouco, visto que justamente a espontaneidade *associativa* não parecia garantida para esses pacientes. O "analista investigador" deveria, então, fazer o papel de *catalisador* dos processos psíquicos do paciente, com o objetivo de favorecer o desdobramento de sua história e, *a fortiori*, de um processo terapêutico.

Descobria-se, assim, no âmago da experiência clínica a predominância de um discurso factual e descritivo, bem como o forte impacto da atualidade e da realidade objetiva na vida desses pacientes. Os mecanismos de defesa neuróticos habituais (a projeção, o evitamento, a denegação, a sublimação etc.) pareciam mais ou menos ausentes ou ineficazes, deixando esses pacientes desmunidos diante dos conflitos pulsionais não elaborados e não formulados, associados às zonas psíquicas "congeladas", visivelmente vinculadas a experiências traumáticas passadas.

A ação de mecanismos de defesa mais drásticos, como a *repressão* e a *clivagem*, revelava-se mais operante nessa configuração. Uma modalidade de defesa antitraumática original foi então descoberta e descrita como *funcionamento operatório.*

A partir dessas novas "chaves de leitura", o psicanalista se situava diante do que foi concebido como a *organização psicossomática* do paciente, constituída, simultaneamente, de mecanismos psíquicos, de atividades sensório-motoras e de expressões funcionais fisiológicas. Dessa forma, não apenas as "associações livres" do paciente interessavam ao analista, mas toda a gama de sua "expressão associativa". Para além das associações verbais, o campo da relação analítica se abria às expressões mímicas, gestuais, prosódicas etc., e também às suas expressões somáticas: álgicas, respiratórias, musculares, entre outras. Nessa esteira, César Botella (2014) propôs a noção de "atenção flutuante perceptiva", na qual a escuta e a visão se tornam modalidades complementares de trabalho do analista.

A existência de uma *energia comum* (Marty, 1980) às funções psíquicas e às funções somáticas foi então destacada, e um *princípio de equivalência energética* entre esses diferentes registros expressivos foi formulado. Segundo Claude Smadja (2008), esse fundamento comum seria o da *energia pulsional*, substrato da economia psicossomática individual. As *transformações qualitativas* da energia pulsional conduziriam a toda uma gama de expressões clínicas, desde as mais psíquicas, ditas mentalizadas, às mais somáticas, ditas desmentalizadas.

A organização psicossomática individual seria, portanto, tributária das capacidades de cada um em *transformar* as massas de excitações provenientes das fontes somáticas (as reações instintuais-fisiológicas, hormonais, metabólicas etc.) em formações psíquicas (os afetos e as representações, que sustentam o pensamento, a simbolização, as fantasias, os sonhos etc.).

Nessa perspectiva, o primeiro agente de transformação é o *objeto exterior*. Podemos concebê-lo então como o *revelador da pulsão* (Green, 1984/1995). É assim que, por intermédio do objeto e dos processos transformacionais, a partir do corpo biológico, o corpo erótico ou pulsional advirá. Para a Escola de Paris, é no âmbito da *função materna* que o objeto exerce seu papel. No exercício da sua função materna, o analista-psicossomaticista contribuirá, como os objetos dos primórdios da vida, para os processos de transformação dos movimentos pulsionais de seu paciente.

Sequências clínicas

Luc consultou o Instituto de Psicossomática (Ipso) seguindo a prescrição de um médico, devido às consequências de um acidente vascular cerebral sofrido dois anos antes. Tratava-se de um engenheiro sexagenário, que havia sido um grande esportista e extremamente engajado em seu trabalho. Luc havia recuperado sua autonomia, mas sentia importantes dores musculares e perturbações do sono. Seu AVC ocorreu pouco tempo após uma traição pelo seu amigo e sócio, que havia secretamente desviado uma soma importante do caixa da empresa para investir em negócios pessoais. Segue o desenrolar de uma de suas sessões, por volta de um ano de psicoterapia:

Luc: "Finalmente fui ver Albert (antigo sócio). Assinamos os documentos e fui embora imediatamente. Eu estava calmo. Levei os documentos diretamente ao advogado. *Voilà*. Resolvido".

Luc falava de forma fragmentada, rápida, como se quisesse se livrar do assunto e, sobretudo, dos afetos que poderiam estar ligados ao que dizia. Eu intervenho quanto ao esforço de *controle* evocado por ele ("Eu estava calmo"), mecanismo de defesa de melhor qualidade se comparado à *repressão* massiva dos afetos observado no início de seu tratamento.

"Você teve medo de perder sua calma?", pergunto, na intenção de clarificação deste processo já trabalhado longamente com ele.

Luc: "Ah, sim, mas... *voilà*, está resolvido, um arquivo a menos na pilha. Isso me ocupou a cabeça, mas no dia seguinte já não pensava mais a respeito".

Temos aqui uma clara demonstração do funcionamento de Luc: ele indicava o aumento considerável do seu nível de angústia ("isso me ocupou a cabeça"), o que foi, em seguida, barrado sem qualquer elaboração ("já não pensava mais a respeito"), situação que se prolongou durante a sessão. Luc prossegue de modo operatório, contando-me eventos de sua semana. Eu percebo, no entanto, que ele não encontra uma posição confortável na poltrona, se mexe, faz caretas. Assim que faz uma pausa, intervenho: "Como você está se sentindo agora?".

Ele franze as sobrancelhas e me diz: "Não estou nada bem, dormi muito mal hoje à noite, neste fim de semana eu tentei serrar os galhos de uma árvore, não foi fácil... agora eu estou pagando por isto".

Luc, que nunca suportou a posição passiva, havia reencontrado, desde o término de sua longa convalescença e de seu período de repouso forçado, sua modalidade preferencial para o tratamento das excitações "inelaboráveis": a descarga por meio da atividade física e do comportamento. No dia seguinte ao episódio evocado, pegou suas ferramentas e decidiu trabalhar no seu jardim, desempenhando esforços físicos enormes.

Essa solução comportamental parecia ocupar o lugar de uma solução psíquica de tipo *regressivo* ou *depressivo*, por exemplo, a qual poderia favorizar o trabalho de luto que o encerramento definitivo de sua empresa demandava. Foi evacuada, ainda, uma eventual reação emocional (de irritação, nervosismo ou raiva), a qual implicaria, eventualmente, representações mentais e afetos dirigidos a seu ex-sócio. "Agora eu estou pagando", ele me disse, o que talvez indicasse a presença de um masoquismo moral ou de um sentimento de culpabilidade inconsciente que encontrava alívio por meio de suas dores, ligadas a sofrimentos psíquicos que eu não tinha nenhuma possibilidade de explorar naquele momento do trabalho.

"Talvez você pudesse tentar apoiar um pouco melhor na poltrona", digo a ele, me apoiando, ao mesmo tempo, na minha própria poltrona. Luc tenta se colocar em uma posição mais relaxada. Sua respiração se aprofunda. Eu mantenho meu olhar sobre ele.

Alguns momentos de silêncio se seguem. A serra, os galhos das árvores que caem, atravessam meu pensamento: uma imagem de mutilação de membros do corpo se forma. Eu opto por não dizer nada. A regressão formal do meu pensamento e a imagem que se produz em mim indicavam o teor aterrorizante da angústia de castração de Luc. O convite à ancoragem em seu *eu-corporal* visava mais o reforço de seu envelope psíquico que o acesso de seus conteúdos propriamente ditos.

Nessa sequência clínica, são claros os desdobramentos da *função materna* do psicanalista. Entre seus componentes principais estaria, segundo Marty (1980):

> *. . . a apreciação afetiva das necessidades e dos desejos [do paciente] a partir de todos os sinais percebidos graças a uma identificação profunda com ele; [e] o exercício de uma regulação dos tempos e dos modos de intervenção (ou não intervenção), ao nível das múltiplas modalidades de comunicação [verbais, não verbais ou infraverbais]. (p. 37)*

Essa "identificação profunda" finca suas raízes em uma *identificação sensório-motora primária* que constitui "a base da interiorização sobre a qual se edifica uma parte importante da atividade psíquica" (Marty & Fain, 1955, p. 215).

Ao me oferecer como espelho e realizar o movimento simétrico daquele que propunha a Luc, um movimento de identificação mimética era solicitado. Essa abordagem se apoia na minha experiência com a *psicoterapia psicanalítica corporal,* dispositivo geralmente praticado com o paciente deitado, sob o olhar do analista sentado ao seu lado, mantendo em aberto o campo visual (Dechaud-Ferbus & Roux, 1993). Nesse enquadre, os apoios do corpo do paciente sobre a superfície do divã (no caso da psicoterapia face a face, a superfície da poltrona) são utilizados como uma metáfora da *relação de apoio* ao terapeuta, fazendo da superfície de contato um objeto transicional. O olhar é um operador essencial desse enquadre, pois, ao ver-se "através do olhar do analista" (Dechaud-Ferbus & Roux, 1993), o paciente poderá, pouco a pouco, dirigir seu olhar a si mesmo, em um movimento de reflexividade que consolida seu narcisismo. A partir das trocas perceptivas, dos diálogos tônico-emocionais e de sua ligação ao sistema representacional (tanto no nível dos representantes-representações quanto dos representantes-afeto), novas condições de integração se oferecem ao paciente no âmago de sua organização psicossomática. Nesse *setting*, uma diminuição gradual das trocas visuais recíprocas vai ocorrer, até que o paciente possa abandonar a necessidade de "controle" do objeto (o analista), em um movimento de interiorização progressiva. Isso poderá favorecer, ulteriormente, a instalação do enquadre analítico clássico.

A noção de *relação ou transferência de base* introduzida por Catherine Parat (1982) está presente na modalidade de investimento transfero-contratransferencial que aqui descrevemos. Visando o apoio narcísico do paciente, necessário para sustentar seu trabalho psíquico, o analista se oferece como um suporte "real". Pode-se dizer que "seu corpo faz parte do enquadre" (Dejours, 1993) e que, frequentemente, é a *pessoa* do analista que é investida. A ausência de *imagos* bem construídas e de capacidades projetivas nesses pacientes limitaria o movimento transferencial clássico. Derivada das primeiras vinculações, a *transferência de base* descrita por Parat (1982) teria sua fundação na corrente tenra e nas pulsões de autoconservação. A dimensão terapêutica que ela supõe seria anterior à analisabilidade (e uma condição para esta última), pois uma relação confiável com o objeto é necessária para que as transferências eróticas e agressivas não sejam fontes de efração e possam ser ligadas pulsionalmente e integradas no funcionamento psíquico do paciente. Os movimentos de sexualização/dessexualização se inscrevem no desenrolar desse processo, com seu potencial sublimatório.

Não há função materna inocente, declara Michel Fain em seus trabalhos com Denise Braunschweig (Braunschweig & Fain, 1975).

Em seus desenvolvimentos sobre a censura da amante, a sexualidade da mãe (do objeto primário adulto de modo geral) é ressaltada, e outro estrato identificatório entra em cena: o da *identificação inconsciente aos conteúdos eróticos maternos*, também chamada de *identificação histérica primária*. Nos casos estruturantes, trata-se de uma identificação aos dois parceiros de uma cena da qual a criança é excluída, formada pelo objeto e pelo seu objeto de desejo (o objeto do objeto, o amante, pai da criança ou outro vetor do erotismo adulto). Uma estrutura triangular permitiria, então, que os investimentos eróticos se tornassem toleráveis, tanto no plano econômico quanto no psicodinâmico, pois eles passariam pelo filtro de uma *censura*. Isso seria veiculado por uma ameaça, a da castração, que está na origem da construção do supereu, organizador psíquico essencial.

Voltemos ao ponto da sessão de Luc no qual paramos. Ainda sobre suas dores, pergunto: "O que você poderia fazer para se sentir melhor?".

"Precisaria voltar a frequentar minha querida osteopata... para dizer a verdade, eu morro de medo: tenho a impressão de ter apenas um fiozinho na minha coluna vertebral", diz Luc, se referindo a sua medula óssea. "Mas sei que ela toma muito cuidado, que ela vai bem devagar."

"Então! Um pouco de doçura neste mundo de brutos!", exclamo.

"Ah, sim, já que não tenho mais minha mamãezinha", me diz, simulando um tom infantil e encenando sua condição de "menino órfão". Ele, que havia sido filho único de uma mãe depressiva e de um pai alcoólico.

Minha pergunta "O que você poderia fazer para se sentir melhor?" comportava uma dupla valência. De um lado, a de uma preocupação materna primária, visando as pulsões de autoconservação, a atenuação das tensões musculares e uma diminuição das dores do meu paciente; mas também aquela da ordem do investimento libidinal, podendo conter um alto potencial erógeno, mobilizando as pulsões parciais e os autoerotismos (a ideia de "fazer bem a si próprio" pode se associar diretamente aos prazeres sexuais).

Luc me responde evocando sua "querida osteopata", dirigindo, assim, o movimento regressivo que se estabelece entre nós a uma figura exterior, operando uma *transferência lateral* muito bem-vinda nesse tipo de tratamento. Isso favorece um fracionamento e uma redução das cargas eróticas presentes, permitindo que as representações ligadas ao "deixar-se levar nos braços do objeto" se inscrevam num movimento de sexualização-dessexualização.

Minha utilização de uma frase conhecida, "Um pouco de doçura neste mundo de brutos!" (trata-se de um *slogan* publicitário de uma marca de chocolate suíço, que obteve muito sucesso e passou a integrar a linguagem francesa corrente), permitia afirmar a importância do movimento presente de pulsionalização das excitações em suspenso, ligando-as a representantes de afeto ao mesmo tempo que introduzia uma instância terceira, cultural, garantindo uma distância entre nós e evitando o risco de uma sobrecarga da fantasia de sedução.

A força dramática contida na minha intervenção comportava um alto grau de condensação fantasmática, criando uma tensão entre "doçura e brutalidade", o que mobilizou a memória infantil de Luc. Ele reage fazendo uma ligação direta com sua história: "sim, porque não tenho mais minha mamãezinha". Escutamos aqui "sim, um pouco de doçura, vivida na relação transferencial".

O duplo sentido parecia presente na teatralização de Luc, como se o menino existente no homem adulto diante de mim desejasse, efetivamente, obter gratificações. Um chocolate, um carinho, talvez mais? Deve-se acrescentar que o AVC havia instalado problemas de ereção em Luc, como efeito dos tratamentos e de uma série de dificuldades vividas pelo casal. Durante o período de sua convalescença, sua esposa havia reencontrado um antigo amante, potencializando o drama da traição, já muito doloroso para Luc. Nessa sequência clínica, minha *intervenção de tipo psicodramático* havia tido uma função disparadora. Uma "zona de sensibilidade do inconsciente" (Fain, 1992) havia sido tocada em Luc, permitindo a convergência de temporalidades diversas e de materiais clínicos variados na direção de um ponto doloroso específico: a morte de sua mãe quando ele tinha 12 anos. Na sua dramatização, o "menininho" que se expressava era aquele que, desde a mais tenra idade, via-se dividido entre a "brutalidade" de seu pai e a "doçura" de sua mãe. Agreguemos à ideia da "doçura" materna elementos de fragilidade, masoquismo e depressão: o filho podia por vezes se refugiar em uma relação de grande proximidade de sua mãe, mas devia também, frequentemente, protegê-la da violência paterna.

No contexto traumático de sua primeira infância, Luc desenvolveu uma prematuridade do eu e uma notável hipervigilância, apoiadas principalmente em competências regidas pelo sistema percepção-consciência. Isso teria ocorrido em detrimento das produções que circulam entre os sistemas inconsciente e pré-consciente, ou seja, a vida fantasmática, a criatividade, a produção de sonhos e as diversas operações que chamamos de *mentalização*. Devido à fragilidade da construção do seu eu e de um supereu edípico protetor, seu desenvolvimento pulsional se encontraria "inacabado" (segundo a expressão de Michel Fain), levando-o à constituição de uma *neurose de comportamento* (conforme descrita na nosografia psicossomática) e a uma busca de adaptação constante às normas coletivas, externas.

As técnicas inspiradas pelo psicodrama são frequentemente utilizadas pelos psicossomaticistas e servem como um recurso para despertar ou criar capacidades fantasmáticas nos pacientes, apoiando-se em cenários criados pelos próprios analistas, muitas vezes a partir de fenômenos contratransferenciais. Oferecendo seus próprios sistemas de sensibilidade, o analista utiliza seu funcionamento psíquico, a partir de certos elementos que capta, vê ou ouve do seu paciente, para tentar elucidar certas lacunas do seu funcionamento psíquico, podendo assim mobilizar transformações econômicas notáveis

Diante da ausência de afeto durante o relato de um evento visivelmente chocante, por exemplo, o analista pode vir a sentir o impacto daquilo que o paciente poderia ter sentido, mas neutralizou. A noção de *transferência por retorno* (Roussillon, 2002) contempla essas situações. Pode ser útil, por vezes, perguntar ao paciente: "O que você acha que isso que está me contando provoca em mim?". Ou, ainda, "Na sua opinião, o que uma pessoa que assiste a essa cena poderia pensar?".

Em suma, a grande dificuldade desses tratamentos encontra-se no manejo das representações e afetos que tocam as zonas traumáticas do paciente (por vezes também aquelas do analista, incidindo na contratransferência). O risco de vida que por vezes correm os pacientes somáticos impõe uma atitude muito mais cautelosa que aquela demandada no tratamento da neurose, sobretudo no que diz respeito à proteção das defesas psíquicas, as quais muitas vezes devem ser preservadas. Marty formulou uma famosa recomendação, segundo a qual o tratamento dos pacientes somáticos requer a "prudência do desminador". Proceder com cautela é, portanto, necessário, utilizando aquilo que ficou conhecido como a *arte da conversação.*

Mesmo que o exercício da função materna implique a implementação da paraexcitação para garantir uma melhor homeostasia no interior do aparelho psíquico e a redinamização das ligações entre afetos e representações, pouco a pouco o trabalho com os núcleos traumáticos também deve ser enfrentado. O confronto com o "caldeirão pulsional", tanto na vertente das pulsões agressivas quanto na das pulsões sexuais, não deve ser abandonado. Em um ritmo e um nível de profundidade variáveis segundo o caso, a reconquista do *corpo pulsional* e a busca do sentido quanto às suas somatizações estão no horizonte desses tratamentos.

A questão do *sentido da doença* e o problema da confrontação com os núcleos "quentes" escondidos por trás das defesas antitraumáticas "esfriantes" (de tipo operatório, por exemplo) foram objeto de grandes discussões na evolução das ideias da Escola de Paris.

Desde os anos 1980, Christophe Dejours apontou que, para além da *técnica de paraexcitação*, muitas vezes colocada em primeiro plano nesta clínica, uma *técnica de afrontamento* da violência pulsional e de sua força destrutiva seria indispensável. Isso permitiria a integração daquilo que teria permanecido por trás da barreira da clivagem, restabelecendo assim as cadeias de sentido e abrindo a via "ao desmantelamento do campo econômico em sequências dinâmicas" (Dejours, 1989, p. 54).

Efetivamente, as questões relativas à *destrutividade* e à *clivagem* entraram em evidência nos trabalhos da Escola de Paris, principalmente nas duas últimas décadas, sob a influência de André Green e de Benno Rosenberg. Isso trouxe consequências significativas, tanto no campo da metapsicologia quanto no da abordagem clínica em psicossomática.

Voltemos à sessão de Luc.

"Sempre os mesmos horrores", me diz ele, evocando seus pesadelos, "eu acordo diversas vezes, me levanto, me deito novamente, aí começa tudo de novo. Mas agora penso em você, tento relaxar, digo a mim mesmo que está tudo bem, que não estou ficando louco... Esta noite eu me vi jogando Albert no chão e... (ele faz o gesto de um soco, com uma expressão facial que revela a intensidade da violência pulsional, contra a qual ele luta)".

Eis então a brutalidade que estava em latência durante essa sessão, aquela que nós perseveramos em elaborar ao longo de todo este processo analítico. Vergonha e medo impediam Luc de confrontar o teor dessas sequências encenadas durante a noite, portadoras de uma violência sem nome, enquanto, durante o dia, apoiado em uma eficaz clivagem, ele mostrava sua face de homem civilizado. Por exemplo: na ocasião do casamento de Albert, Luc, que me dizia não se interessar por esse assunto, sonhou que entrava na igreja com uma metralhadora e dizimava Albert, sua noiva e todos aqueles que estavam no altar, inclusive o padre.

A função econômica desses pesadelos era evidente; eles descarregavam uma parte importante das massas de afetos que claramente não podiam ser descarregadas pelo ato. Essas imagens muito próximas da realidade, figuradas sem nenhuma censura, não resultavam em um *trabalho do sonho* eficaz. Em seu paroxismo, a intensidade dos pesadelos era por vezes vivida fisicamente, mobilizando seu sistema muscular e acordando-o no meio da noite em um sobressalto.

Pouco a pouco, no desenrolar do tratamento de Luc, a primazia do registro econômico cedeu e a força de seus afetos alcançou uma melhor regulação e uma nova possibilidade de vetorização. No âmbito psicodinâmico, o trabalho relativo às suas relações objetais pôde avançar. Pudemos coconstruir então "a doença anterior à sua doença", segundo a expressão de Marty.

O primeiro e mais recente estrato dessa construção dizia respeito ao episódio da traição de Albert. Ele reconheceu o mecanismo de recusa que havia permitido que "não enxergasse" as ações fraudulentas de seu sócio, "o irmão que nunca teve". A descrição de Luc do estado de sideração no qual o traumatismo o havia mergulhado, seguido de uma sensação de cansaço intenso, de perda de interesse pelas coisas, de anestesia do pensamento e, principalmente, de repressão de afetos violentos que a situação havia desencadeado, atestava a instalação de uma *depressão essencial.* O fortalecimento de sua clivagem e de seus mecanismos antitraumáticos de tipo operatório, já instalados, permitiram que ele sobrevivesse psiquicamente até o momento em que esse equilíbrio precário vacilasse. Um novo episódio de forte teor conflitivo (a mudança de seu ex-sócio para um país estrangeiro, conhecido como paraíso fiscal) antecedeu por pouco o acidente vascular cerebral.

O segundo estrato do trabalho com Luc dizia respeito à reconstrução das condições infantis na base de sua organização psicossomática. Nessa construção, a figura paterna ocupava claramente um lugar central. Luc assistiu e foi vítima da violência de seu pai, que voltava para casa alcoolizado, violência à qual sua mãe também era submetida. A cólera do pai se alternava com momentos de apatia, e sua presença em casa "deixava o ar irrespirável", segundo Luc.

Em tal contexto de efração traumática, podemos supor as dificuldades de organização de uma neurose infantil estruturante e de sua base edipiana. Podemos inferir que, nessa configuração, a instalação das fantasias originárias, fundamentos do psiquismo e matéria-prima das operações de simbolização, teria sido infiltrada pela destrutividade. A *mensagem de censura da mãe-amante*, distorcida e inoperante, traria consequências na estruturação das tópicas psíquicas e no trabalho do recalque.

A fragilidade da organização do supereu como instância de ligação da destrutividade teria perturbado a evolução pulsional de Luc. Sua hostilidade contra o pai, a qual não pôde ser transformada em afetos edipianos ligados à vida (como a rivalidade, a inveja e o ciúme), permaneceu impregnada de um ódio mortífero irrepresentável, tendo como destino a recusa e a clivagem. As moções pulsionais de amor dirigidas à mãe permaneceram impregnadas de idealização e infiltradas por um clima incestuoso. Luc havia sido a esponja das angústias de uma mãe que se refugiava na cama do filho em busca de ternura, tornando impossível o trabalho de dessexualização e o recalcamento. Os lutos, tanto o de sua mãe quanto o de seu pai, permaneceram não elaborados. A mãe morreu de um câncer no início da adolescência do filho, e o pai, de uma infecção pulmonar quando Luc tinha cerca de 20 anos. Sem olhar para trás, Luc fez estudos brilhantes, casou-se, e o restante da história vocês conhecem.

Conclusão

As desorganizações ou regressões somáticas, passageiras ou crônicas, leves ou graves, intervêm em um contexto de superação das capacidades psíquicas de um indivíduo, diante de conflitos ou de perdas que podem acontecer na vida de todos e a qualquer momento. Quando condições favoráveis estão presentes, um movimento de *reorganização* e de retomada do movimento pulsional evolutivo torna-se possível. O encontro com um psicanalista psicossomaticista é uma ocasião particularmente privilegiada nesse sentido. O sofrimento somático pode então se transformar em sofrimento psíquico, instaurando um novo regime de funcionamento da organização psicossomática do paciente, acompanhado de tudo aquilo que pode haver de fecundo nisso.

Claude Smadja (2013) introduziu a noção de *trabalho de somatização*, segundo a qual a desorganização somática pode vir a tornar-se um "objeto psíquico", instalando um processo de reorganização e favorizando a retomada do funcionamento mental do paciente. Nos desenvolvimentos recentes da Escola de Paris, deparamo-nos com as preocupações já introduzidas nos anos 1980 por Christophe Dejours por meio da noção de "somatizações simbolizantes". Jacques Press (2010), por sua vez, no livro *A construção do sentido*, aprofundou a questão do "informe", do "resto não representado" que poderá ser representado por meio "da presença sensível do analista", construindo, assim, o sentido presente na somatização de forma embrionária.

Permanece sendo fonte de inspiração a proposição de Marty, que dizia que o trabalho do psicanalista psicossomaticista percorre um caminho que vai "da função materna à psicanálise". Não nos esqueçamos, sobretudo, que o verdadeiro operador desse trabalho será sempre o enquadre interno do analista, edificado ao longo de sua própria análise pessoal e da sua formação, que servirá como bússola nos momentos de turbulência dos movimentos transfero-contratransferenciais com seu paciente.

4. Da excitação à pulsão: a emergência da psicossexualidade em clínica psicossomática[4]

O caminho evolutivo que conduz à constituição da unidade psicossomática humana é consubstancial àquele que conduz à formação de sua *psicossexualidade*. Fato biológico antes de mais nada, a sexualidade é uma função vital entre as demais, embora excepcional porque dela dependem a reprodução e a continuidade da espécie. A libertação da sexualidade de seu destino biológico pela infiltração das forças psíquicas fundamenta a especificidade da espécie humana e, além disso, singulariza cada um de seus indivíduos.

Na obra de Freud, já em 1905, com os *Três ensaios*, opera-se uma ampliação decisiva acerca da sexualidade infantil: o sexual já não é redutível ao genital, e noções como as de organização sexual oral e anal entram em cena. Freud toma o modelo de sucção do

4 Conferência proferida no ciclo Conférences d'Introduction à la Psychanalyse: Le Sexuel en Psychanalyse, organizado pela Société de Psychanalyse de Paris (SPP) no Anfiteatro Vulpian, Sorbonne, Paris, em maio de 2010, publicada no site da SPP. Artigo publicado pela *Constructo – Revista de Psicanálise*, Porto Alegre, 4, 2019.
Tradução de Vanise Dresch.

bebê e as sensações voluptuosas que o acompanham para afirmar a desvinculação destas de toda finalidade alimentar no âmbito da necessidade e a entrada em jogo da busca de um prazer, já vivido e agora rememorado, que se inscreve na ordem do desejo. A partir daí, desenvolvem-se as teorizações referentes à *erogenização* das grandes funções somáticas e ao *apoio* do sexual na autoconservação, levando, por fim, ao *surgimento do conceito de pulsão.*

Conceito-limite entre o somático e o psíquico, a definição da pulsão evoluiu ao longo da obra freudiana. Contudo, sua vocação de elo intermediário entre esses dois domínios sempre foi mantida.

A definição de 1932, nas *Novas conferências*, explica com clareza sua *trajetória somatopsíquica*. Freud diz que se podem distinguir a fonte, o objeto e a meta da pulsão: "a fonte é um estado de excitação no corporal; a meta, a extinção desta excitação. É no trajeto entre a fonte e a meta que a pulsão se torna psiquicamente eficiente. Como regra geral, neste trajeto", detalha Freud, "encontra-se interposto um objeto externo" (Freud, 1932/1995a, p. 119).

O objeto, por conseguinte, está situado na origem da montagem pulsional.

O paradigma da pulsão interessa ao máximo à teoria e à clínica psicossomática e pode-se afirmar, com Claude Smadja (2008), que "definitivamente é por meio dela que se atam e se desatam os nós psicossomáticos" (p. 87). Nos seus desenvolvimentos epistemológicos recentes, Smadja observa que, tanto na teoria como no desenvolvimento do sujeito, a passagem do registro da excitação somática ao registro da pulsão como seu representante psíquico representa um salto qualitativo de natureza evolutiva: *a organização humana se complexifica*. Podemos assim observar que, da neurose atual, com seus sintomas funcionais somáticos, à psiconeurose histérica, com seus sintomas conversivos simbólicos, a estrutura psíquica adquire maior complexidade.

O modelo psicossomático da Escola de Paris, estruturado por Pierre Marty, Michel Fain, Michel de M'Uzan e Christian David e constantemente enriquecido por seus sucessores, é um modelo eminentemente evolucionista. Baseado no princípio de uma dinâmica hierarquizada, pode-se concebê-lo sob uma forma piramidal que se organiza em níveis cada vez mais complexos, estando na base o funcionamento somático atravessado pelas excitações sexuais, e, no topo evolutivo superior, o funcionamento mental atravessado pela vida pulsional. A partir de uma mesma fonte energética instintual, *duas vetorizações* são possíveis: uma, evolutiva, *pulsionalizante*, na qual os sistemas se tornam cada vez mais carregados de sentido e de vida; a outra, regressiva, *despulsionalizante*, na qual a energia degrada-se, desqualifica-se, e os sistemas investidos por ela perdem a relação com o sentido e a vida. Esse modelo integra, em uma sinergia dos registros dinâmico e energético, os dois planos de expressão somática e psíquica, cuja articulação deve ser buscada na história do sujeito.

O papel do objeto na construção do sujeito é indiscutível. De acordo com André Green, é pertinente falar de *par pulsão-objeto* porque o objeto é o revelador da pulsão. Em psicossomática, é no exercício da *função materna*, noção muito fértil forjada por Pierre Marty e ampliada por Michel Fain, que o objeto intervém e que, em condições ótimas, o trabalho de pulsionalização do corpo do pequeno ser humano se realiza. A função materna cumpre um largo espectro de operações, todas imbricadas entre si, assegurando desde o início a montagem das pulsões de autoconservação do eu até a montagem das pulsões sexuais.

Tentemos analisar os desafios do exercício da função materna ao longo do percurso evolutivo da criança. No plano *econômico*, o recém-nascido encontra-se sob um regime quase traumático, em que reina o excesso de excitações provenientes de todos os lados, notadamente das grandes funções orgânicas, ainda anárquicas. Elas se exprimem sob um modo imperativo e inadiável baseado na alternância entre necessidade e saciedade e são regidas por um sistema do tipo "tudo ou nada". Pierre Marty qualificou esse estado de "mosaico primário", no qual o inconsciente é ainda fragmentado e os sistemas funcionais estão em via de maturação. Nesse estágio, a função materna desempenha seu papel fundamental de *paraexcitação*, operando como um filtro do afluxo de excitações exógenas (temperatura, luz, ruído e outros) e endógenas (fome, sede, desconforto), fracionando a excitação em pequenas quantidades e atribuindo qualidades a elas. Essa regulação constante será decisiva para a constituição da unidade funcional psicossomática e o seu correlato metapsicológico: o *narcisismo primitivamente secundário* de acordo com Michel Fain, noção que implica desde o começo a presença do objeto no vir a ser do narcisismo. Concebe-se aqui a importância conferida ao sistema de interpretação dos sinais que emanam do bebê e à escolha dos modos de intervenção, dos ritmos introduzidos em relação aos ritmos naturais e, por fim, das múltiplas respostas dadas pela função materna. Em situação neótona, porém em busca de trocas, a criança interpreta e responde aos movimentos do ambiente ao seu redor.

A *qualidade do investimento do corpo* e dos sistemas funcionais somáticos da criança (alimentar, excretório, respiratório, sono e outros) será, sem dúvida, determinante para os nós psicossomáticos ulteriores. Esses investimentos procedem de acordo com uma verdadeira efusão projetiva de afetos e representações oriundos do psiquismo do adulto. Têm uma função de *ligação* do fluxo de excitações somáticas para, no fim, dotar de sentidos as múltiplas expressões da criança que darão a ela sua singularidade no seio de uma família, uma cultura, uma etnia etc. O enquadramento do investimento materno deve ser *descontínuo*, pois é a alternância entre presença e recuo que assegura a internalização da função materna e a autonomização da criança, notadamente no que concerne à gestão de suas necessidades fisiológicas e sua autoconservação.

Contudo, o essencial desse investimento é o fornecimento da *libido*, a energia sexual psíquica de *Eros*. É a irrigação dos lugares do corpo pela libido, em diálogos tácteis, tônicos, sonoros, verbais e infraverbais entre a criança e o objeto, que tornará eficientes o trabalho de erogenização das excitações somáticas e a entrada em jogo da dimensão psicossexual propriamente dita.

Esse capital libidinal e a sua circulação entre o eu e os objetos vão assegurar as *mutações do* quantum *de excitações sexuais somáticas em moções pulsionais eróticas*. Essas transformações devem ser compreendidas à luz dos aportes freudianos após 1920, ou seja, à luz da união constante entre Eros e a destrutividade. A funcionalidade do *masoquismo erógeno primário* (cf. Benno Rosenberg) desempenhará aqui um papel essencial como operador de coexcitação da libido e da destrutividade, necessária para a retenção das cargas eróticas no eu, notadamente em situações de espera dolorosa e de frustração.

A clínica dos transtornos somáticos é justamente aquela em que esses processos de união pulsional se encontram deficientes. Os golpes do *trauma* podem produzir efeitos devastadores que afetam o desenvolvimento pulsional de um indivíduo já desde suas origens e o seu equilíbrio psicossomático ao longo da vida. Isso será função dos movimentos de ligação e desligamento pulsionais, ou seja, dos gradientes de libido, egoica e objetal, disponíveis e aptos a ligar as excitações destrutivas em risco de transbordamento e potencialmente mortíferas em momentos críticos da vida.

Do ponto de vista psicossomático, a emergência da psicossexualidade e sua realização são, por conseguinte, os fiadores do equilíbrio vital. Os trabalhos conjuntos de Denise Braunschweig e Michel Fain aclaram muito essa problemática do enraizamento do psíquico no biológico pelo sexual.

A *libidinização do sono* do bebê pela mãe é apontada por esses autores como a etapa inaugural dos processos alucinatórios e de abertura à vida fantasmática e onírica da criança. O investimento de ternura materno, procedente de sua pulsão sexual inibida quanto à meta, assegura à criança a redução do tônus corporal e a integração progressiva dos *autoerotismos*, que lhe dão acesso a satisfações passivas, correlacionadas com uma busca fantasmática de satisfações oriundas de um objeto ativo, com o qual a criança se identifica para poder vir a "dar-se prazer".

Nas melhores condições, esse movimento é conduzido pelo desinvestimento da mãe, que se desvia de seu filho para se voltar para o pai da criança. Ao voltar a ser amante do pai, a mãe impõe à criança uma censura, equivalente a uma mensagem de castração, designada como *censura da amante. A identificação histérica primária* da criança com sua mãe, ou seja, a identificação com o gozo dos atores da *cena primitiva* da qual a criança é, ao mesmo tempo, excluída, torna-se o protótipo do traço mnésico inconsciente e dos primeiros recalcamentos. Tratar-se-ia, nessa configuração com alta carga erótica, de uma dupla identificação: com o pai, designado pelos autores como o pênis desejado pela mãe, e com a mãe, que deseja esse pênis. De acordo com Gérard Szwec, em seus estudos recentes a respeito da censura da amante, o *status do pai*, nesse estágio tão precoce, é essencialmente uma excitação sexual, um pênis em ereção, um desejo atrator do desejo da mãe.

As passagens do corpo a corpo da mãe com seu filho àquele com seu amante exigem da parte dela uma sólida ancoragem superegoica e um *trabalho de dessexualização e ressexualização* constante em nível de seu pré-consciente. Assim, é favorecida a redução, no inconsciente da criança, dessa linguagem do desejo, arcaica e bissexual, em prol do desenvolvimento de uma linguagem secundarizada, onerada pela censura e organizadora do pensamento consciente. Nessa perspectiva, os traços mnésicos inconscientes são, por conseguinte, um misto de sensações corporais somáticas e de linguagem erótica arcaica pronunciada pela mãe. Inscreve-se uma discrepância erógena, de acordo com uma passagem de Serge Leclaire citada por nossos autores, em um ponto do corpo que gozou ao contato com uma carícia da mãe, tornando-se então *traço imaterial*. É dessa maneira que podemos conceber o nascimento da pulsão: como a soma de inscrições sucessivas dos traços mnésicos constituídos por diversas ordens de linguagem e sua ligação com o corpo.

Duas grandes linhagens pulsionais podem ser então definidas: uma, cujo destino dá continuidade à evolução recém-descrita e que inscreve a criança na ordem edípica, garante a ela uma vida psíquica bem nutrida de representações e afetos, assegurando um capital inconsciente e uma flexibilidade do pré-consciente aptos a transformar as excitações sexuais e a construir uma psicossexualidade de boa qualidade. A outra, afetada pelo *trauma*, caracteriza-se por distorções da função materna mais ou menos graves, em que a via psíquica não é suficiente. O *recalcamento originário falha* em consolidar as formações inconscientes e o pré-consciente não é funcional o bastante para permitir o escoamento e as mutações das excitações, deixando a criança desprotegida contra o volume maciço de excitações desligadas e não simbolizáveis, não aptas à criação e à consolidação de sua psicossexualidade.

Nessa perspectiva, os autoerotismos têm importância capital e sua constituição desempenha um papel determinante, ou até mesmo diferenciador, nas figuras clínicas que encontramos. O *investimento libidinal do eu como objeto sexual* por meio dos autoerotismos assegura a união pulsional justamente no nível das ancoragens somáticas das zonas erógenas, ou seja, das grandes funções fisiológicas. Recordemos também do adendo ao texto de 1905, em que Freud estende a propriedade de erogenidade a todos os lugares do corpo e a todos os órgãos internos. Em *O ego e o id*, ele afirma que o antagonismo das pulsões reina "em toda partícula de substância viva . . . em proporções desiguais" (1923/1991, p. 284). Podemos então avaliar a importância da boa regulação da economia pulsional no eu, considerado, "antes de tudo, um eu corporal", caso contrário a destrutividade interna causa uma devastação, desencadeando os processos de regressão somática ou, de maneira mais radical, de desorganização progressiva, pondo em perigo a conservação do sujeito.

A clínica psicossomática da criança é um verdadeiro terreno fértil onde vemos se desenvolver o *espectro psicossomático*, que vai das expressões sintomáticas mais somáticas até as expressões sintomáticas mais psíquicas, bem como as que se deslocam entre esses dois polos, notadamente no decorrer dos tratamentos psicanalíticos.

Nessa clínica vemos diretamente, poderíamos dizer, as modalidades interacionais e de investimento da função materna e suas repercussões sobre a evolução psicossexual da criança. Os transtornos funcionais, por exemplo transtornos do sono, refluxos gastroesofágicos, vômitos crônicos, constipações, asma e outros, os quais constituem o cotidiano dessa clínica, podem ser compreendidos como manifestações da sobrecarga dos sistemas funcionais orgânicos, devido aos entraves ao trabalho do apoio e às deficiências dos autoerotismos. Os aparelhos, funções e órgãos da criança podem estar superinvestidos, não investidos suficientemente, não investidos ou investidos de maneira divergente pelo ambiente, favorecendo somatizações passageiras que poderão ou não se tornar crônicas.

Se, por um lado, o desencadeamento de um sintoma somático sinaliza, para nós, uma falha do trabalho de ligação pulsional, tão necessário à economia do funcionamento psíquico do sujeito, por outro lado, seu desenvolvimento é muito variável. Denise Braunschweig desenvolveu a ideia bastante heurística de um segundo tempo em que é produzida uma *histerização secundária do sintoma somático,* no contato da criança com sua mãe e o entorno, caracterizando diferentemente o processo patológico. Nesses casos, ocorrem recidivas em contextos precisos, uma vez que a criança tenta reencontrar, de maneira mais ou menos consciente, determinadas reações conhecidas. A atuação de reminiscências do traumatismo inicial manifesta a atividade erógena de um traço que havia sido inscrito no inconsciente recalcado. Esse movimento pode ser, no entanto, recrutado no automatismo de repetição: não percamos de vista que se trata dos modos de funcionamento em que as ligações pulsionais permanecem muito precárias, muitas vezes não distantes dos estados traumáticos.

Em *A criança e seu corpo*, obra de referência em psicossomática infantil, escrita por Léon Kreisler, Michel Fain e Michel Soulé no início da década de 1970, encontramos minuciosas descrições clínicas de transtornos funcionais graves em que a criança, presa em *interações patogênicas*, investe certas funções em um sentido "contranatureza" e utiliza um desfuncionamento fisiológico às vezes passageiro em um autoerotismo maníaco que lembra a busca orgástica, e que a expõe, às vezes, a um risco mortal (Kreisler, Fain & Soulé, 1974). O "pequeno perverso polimorfo" vai bem mais além das buscas de prazer habituais, para encontrar prazer dentro do seu próprio corpo. É o caso da síndrome da ruminação, que inverte a progressão do bolo alimentar pela onda peristáltica que sucede à deglutição em um movimento do tipo ruminante, ou do megacólon, que inverte o reflexo fisiológico da defecação. No espasmo do soluço é buscada uma asfixia, acompanhada de movimentos de tipo convulsivo, e que foi associada ao clímax orgástico (em francês, diz-se "a pequena morte" orgástica). Os *mecanismos fisiológicos podem, por conseguinte, ser pervertidos pela sexualidade*, e podem também ser tomados pelo automatismo de repetição. Esses transtornos funcionais seriam compreendidos, durante as discussões dos autores supracitados, como tentativas de agir corporalmente sobre as fantasias originárias, em vez de simbolizá-las pelas vias psíquicas, às custas de uma perigosa passagem ao ato. Isso seguiria as vicissitudes de uma função materna em que falham as identificações histéricas primárias, a mensagem de castração e os recalcamentos, responsáveis pela instauração dos interditos. *A excitação sexual é aqui desviada quanto à meta e sua ligação pulsional é pervertida.*

Nos últimos anos, foi descrita uma dimensão essencial da semiologia psicossomática, no âmbito das investigações sobre os *procedimentos autocalmantes do eu*, realizadas por Claude Smadja e Gérard Szwec, notadamente este último no que se refere à psicossomática da criança. É postulada uma oposição entre os autoerotismos que buscam o prazer e outra gama de comportamentos, os procedimentos autocalmantes, que buscam a serenidade. Presos no automatismo de repetição, tais procedimentos visam estritamente a descarga de excitações, sobretudo pela via sensório-motora. A ligação libidinal materna é, aqui, certamente falha e a via erótica, barrada. A criança constrói-se com uma tendência a comportamentos mecanizados e repetitivos; é frequentemente hiperativa e não carinhosa. Para Gérard Szwec, o autoembalar-se da criança insone pode ser considerado um procedimento de adormecimento autocalmante. Essas crianças, que, de acordo com esse autor, "*prescindem do objeto para não fazerem o luto dele*", precisam constituir um sistema de defesa antitraumático, além do princípio de prazer, que visa o regresso ao nível zero de excitação.

Para ilustrar essas considerações teóricas, eu gostaria de apresentar uma sequência de excertos da psicoterapia de K, cujo andamento foi bastante exemplar daquilo que se pode esperar de um trabalho de retomada do desenvolvimento da psicossexualidade em uma criança que apresenta transtornos somáticos.

K é uma menina de 5 anos, cheia de encanto, com grande facilidade de contato e com muita vivacidade. Seu modo de funcionamento em sessão imediatamente evocou em mim uma *relação objetal de tipo alérgico*, como descrito pela Escola de Paris. Nesse tipo de funcionamento, a criança parece fixada ao primeiro ponto organizador do desenvolvimento descrito por Spitz, aquele do sorriso para qualquer rosto, por não ter integrado o segundo ponto organizador, o da angústia ante o estranho, que marca o trabalho de separação mãe/não mãe e, *a fortiori*, de separação mãe/criança. Os movimentos de tipo *adesivo* em K eram surpreendentes, por exemplo querer escrever com meu lápis, colocar meus óculos, pegar meu telefone ou sentar-se na minha poltrona. Oriunda do cruzamento de quatro culturas – cada um dos avós provindo de um país distinto –, K tem uma beleza particular e olhos imensos. A partir do pescoço e sobre uma boa parte do corpo, percebem-se manchas que indicam a presença de um *eczema atópico* severo e as sequelas de superinfecções cutâneas das lesões, desencadeadas quando tinha 15 meses de idade. *Transtornos do sono* estiveram presentes desde a idade de 6 meses. Com o desencadeamento do eczema, havia começado um ciclo infernal de despertar múltiplas vezes durante a noite, acompanhado da necessidade de coçar e do pedido urgente de ir para a cama dos pais. São três filhos com idades muito próximas, sendo K a caçula. O aleitamento materno durou seis meses e o desmame foi muito difícil para a díade, pois K não queria nada a não ser o seio. K veio ao mundo em um momento de grande crise familiar. Seus pais formam um belo casal, investem muito na vida familiar e mostram-se tão preocupados com seu papel parental quanto com sua relação conjugal. Contudo, quando do nascimento de K, seu avô paterno, acometido por uma grave doença, veio viver na casa dela, perturbando seriamente o equilíbrio familiar. Instalou-se um verdadeiro clima de guerra entre pai e filho, os quais, entre gritos e socos, brigaram até quando K completou 15 meses, quando o avô finalmente se mudou, vindo a morrer pouco depois. Nas palavras da mãe, o avô era "um homem sem coração", que fazia todos tremerem quando passava, com uma tirania ímpar. Durante a gravidez de K, um sonho anunciou a chegada de uma menina, que deveria chamar-se "K", que significava "aquela que veio para salvar as almas". Eis que K, como um talismã, ajudaria a família a suportar a presença do patriarca e ajudaria sua mãe a atravessar o inferno. Era incontestável a colagem entre mãe e filha. Ante a tempestade que assolava seu pai no drama transgeracional patrilinear, K encontrou abrigo no seio materno. Sua mãe, ressentida, privada de seu marido e amante, encontrou junto ao seu bebê as satisfações libidinais em falta e consolo para suas angústias. Quanto às somatizações de K, o cruzamento das datas era bastante fácil: os transtornos do sono começaram após o desmame e o eczema, em torno do período do falecimento do avô.

No momento em que começo a psicoterapia no Ipso com K, inúmeros tratamentos tinham sido tentados sem resultados duradouros. Conforme o pai, "a gestão da doença" era extenuante e, além disso, K tinha-se tornado uma menina irascível e exigente. *Alergias alimentares* tinham sido detectadas e toda a organização familiar girava em torno dos diversos transtornos de K.

A sequência que será apresentada começa no início do acompanhamento de K, estendendo-se durante seis meses de psicoterapia, e refere-se aos acontecimentos noturnos. Escuto de seus pais que K não se queixava mais dos *pesadelos* que a despertavam nos últimos tempos, desde que tinha se consultado com um psiquiatra infantil comportamentalista, que havia proposto que ela desenhasse seus pesadelos e os jogasse no lixo. Depois disso não teve mais pesadelos, mas despertava de noite e, terminantemente proibida de ir para o quarto dos pais, andava pela casa. Privada da via mental onírica, considerada mais como um detrito a ser descartado, K desenvolveu, em seus episódios de despertar noturno, um sistema de descarga pela motricidade, levantando-se da cama e andando, até ser repreendida e terminar por voltar para a cama para tentar dormir de novo. Interessamo-nos então, K e eu, no fim do primeiro trimestre da sua psicoterapia, pelo que se passava com ela à noite: falava-se disso em cada sessão. O trabalho sobre seus passeios noturnos nos trouxe o interesse de K pelos ruídos da casa: o barulho do refrigerador, cheio de coisas proibidas para sua dieta, que ela olhava sem poder comer, devendo se contentar com um copo d'água. Assim, pudemos pensar juntas sobre suas frustrações na esfera dos prazeres da oralidade. Isso prosseguiu com conversas sobre o que poderia fazer sozinha na sua cama, quando acordava de noite, para suportar esse estado de passividade e lá permanecer sem ter de se levantar. Ideias surgiram: imaginar coisas diversas, tentar recordar-se de uma história ou de coisas vividas durante o dia, inventar canções. K começou a cantar canções de ninar para adormecer e escolheu um bichinho de pelúcia preferido, pois até então tinha vários intercambiáveis. O prurido e o coçar presentes durante a noite foram regularmente trabalhados e o seu aparecimento durante a sessão foi tratado de maneira lúdica. Gradativamente, K foi tomando consciência da relação entre o aumento de uma emoção ou de uma angústia e a vontade de se coçar.

Chegou a hora em que falamos dos ruídos noturnos vindos da sala ou do quarto dos pais... K diz então: não, ela não estava "nem um pouco curiosa". K não queria falar sobre aquilo. As alusões aos beijos dos pais a irritavam bastante. Depois, K, instalando seus movimentos identificatórios, decidiu convidar seu namoradinho da escola para dormir em sua casa. Ela tinha de dormir bem, me disse ela, para não o despertar, como fazia frequentemente com o irmão e a irmã; às vezes, seu despertar causava muitos conflitos de manhã. Começa uma nova fase em que K não consegue ficar na cama porque, quando desperta, tem muita vontade de urinar. Vai ao banheiro, depois volta para a cama, mas "aquilo continua", "é como uma vontade de fazer xixi", me explica ela! Eis que a excitação sexual se enraíza em nível genital, ao mesmo tempo que os pensamentos sexuais estão presentes e as relações objetais investidas. Pode-se sentir uma diferenciação emergir entre a função urinária e as sensações erógenas genitais. Logo começa uma brincadeira em que ela traz da sala de espera desenhos feitos pelo pai, muitas vezes desenhos de animais selvagens. Ela os esconde debaixo da camiseta e não quer me mostrar; digo que ela "quer ficar com os desenhos do papai só para ela e me deixar de fora da brincadeira; em casa talvez queira fazer o mesmo com sua mamãe".

K me conta um pesadelo. O papai mata todo mundo: seu irmão, sua irmã, sua mãe, todos, exceto ela. Falamos do seu medo quando papai fica bravo, de seu desejo de que apenas ela seja poupada. Evocamos o tempo em que era bebê e o vovô estava com eles. Mas ela não quer falar, "é isso, é tudo, é assim". K começa um período em que não quer mais falar muito, ela interrompe bruscamente o que está falando e me diz: "é segredo". Digo-lhe que tem o direito de guardar seus pensamentos para si mesma. K desenvolve uma forma de hostilidade contra mim. Sua brincadeira predileta consiste em pedir que eu escreva ou desenhe algo, para depois se divertir apagando o que eu tinha recém-feito e morrendo de rir. Digo à K "que ela estava brava comigo porque eu era grande e poderia fazer muitas coisas que ela não podia fazer ainda".

Foi assim que, pouco a pouco, seu despertar noturno espaçou-se e seu sono melhorou. As crises de eczema tornaram-se menos graves e os pais começaram a reintroduzir determinados alimentos que eram proibidos até então. O *trabalho de qualificação das cargas excessivas de excitações* em K, nas suas múltiplas nuances afetivas e em função das diferentes problemáticas objetais, foi o fio condutor de seu tratamento analítico. Tentamos mostrar a importância disso para a constituição e a consolidação de sua psicossexualidade.

Progressivamente, as expressões do funcionamento mental dessa pequena paciente se sobrepuseram às expressões somáticas e comportamentais, que estavam em primeiro plano até então. O trabalho de *autonomização* psíquica de K foi destravado, seguindo com seus ingredientes indispensáveis: triangulação, conflito, expressão de afetos e pensamentos. Tudo isso junto com a constituição de uma capacidade fundamental: a de *recalcar*.

5. Em busca de Eros: destinos da excitação[5]

Os indivíduos "incapazes de descansar", tomados por atividades mais ou menos investidas afetivamente, muitas vezes míseros amantes, formam uma legião. Neles se concentra a maior parte dos transtornos ditos "psicossomáticos".

Michel Fain (1984)

Destinos da excitação

Na clínica psicossomática, partindo do ponto de vista econômico apontado pela Escola de Paris, podemos observar em nossos

5 Conferência proferida na 23nd Annual Conference da European Psychoanalytical Federation, *Passion, love and sexuality*, Londres, 25-28 de março de 2010. Artigo publicado na *Revue française de psychosomatique*, *1*(33), 163-179, 2008, sob o título "En quête d'Éros", e na *Revista Psicanálise* da Sociedade Brasileira de Psicanálise de Porto Alegre (SPBdePA), *19*(2), 162-177, 2017, sob o título "Destinos da excitação".
Tradução de Vanise Dresch.

pacientes as falhas do aparelho psíquico na transformação das excitações de origem somática, tendo como consequência uma intensa mobilização da sensomotricidade, o recurso ao agir e à descarga pelo comportamento, acompanhados de um vasto leque de somatizações.

O trabalho de psiquização do somático é obra de Eros, ligando por meio do objeto, desde o nascimento do sujeito, as excitações procedentes das grandes funções orgânicas, sem o que o reino do instintual filogenético dominaria. A libido, a energia de Eros, erogenizando o soma, neutraliza a tendência destrutiva das excitações em estado livre e sujeitas ao transbordamento, unificando-as em feixes e orientando-as em moções, tornando-as então "pulsionais". Deve-se observar que Eros, a partir da última teoria freudiana das pulsões (Freud, 1920/1989c), é considerado uma parte da psique, o que faz da constituição da pulsão o primeiro modo de expressão psíquica. A constituição do psiquismo será então concomitante à intrincação pulsional primária (Rosenberg, 1998) e à transformação dos instintos (processos somáticos) em pulsões (processos psíquicos).

O equilíbrio psicossomático se manterá então por meio da intrincação constante, ainda que sujeita a um amálgama variável, das duas pulsões fundamentais: Eros e a pulsão de destruição. As excitações provenientes das fontes somáticas que escapam à "domesticação" pela libido permanecem excedentárias, não ligadas dentro do eu, constituindo uma força destrutiva e produzindo desequilíbrios que podem favorecer a eclosão de somatizações (Marty, 1976, 1980). Isso corresponderia a um estado de desintrincação pulsional, que a noção de "desorganização" na teoria psicossomática visa igualmente descrever (Smadja, 2001a).

A partir dos anos 1920, a concepção da energética pulsional freudiana se complexifica. Em *O ego e o id*, Freud (1923/1991) afirma que "em cada pedaço da substância viva estariam ativas as duas espécies de pulsões, . . . em uma mistura em proporções desiguais" (p. 284). Partindo dessa ideia, na concepção atual da Escola de Paris, o psicanalista deve construir sua compreensão dos fenômenos psicossomáticos em referência aos movimentos pulsionais eróticos e/ou destrutivos em jogo, no seio da organização de seu paciente (Smadja, 2001a).

Nessa perspectiva, a singularidade de cada indivíduo dependerá dos meios específicos de investimento, de repartição e de circulação da libido ao longo da vida, nas relações com o eu e os objetos. O masoquismo erógeno primário, o herdeiro psíquico do mecanismo fisiológico de coexcitação libidinal, e primeiro responsável pela mixagem das pulsões (Freud, 1924/1992a), tem um papel essencial na retenção das cargas eróticas no eu, especialmente nas situações precoces de frustração, e ulteriormente de conflito e perdas dolorosas.

Da qualidade do apoio das pulsões sobre as funções fisiológicas dependerá a constituição do *corpo erótico*, com a passagem progressiva da ordem da necessidade à ordem do desejo, animada pela busca de satisfação, ou seja, busca do objeto. Isso corresponde ao processo supracitado de erogenização do soma, sabendo que "qualquer parte do corpo pode se elevar ao nível de zona erógena, inclusive os órgãos internos" (Freud, 1905/1987, p. 67).

Uma das primeiras passagens do somático ao psíquico seria a *libidinização do sono*, afirmam os autores de *A criança e seu corpo* (Kreisler, Fain & Soulé, 1974), obra fundamental em psicossomática. Os transtornos precoces do sono e *a fortiori* o desregulamento do *sistema sono-sonho* (Fain, 2001b), visto como uma unidade funcional, seriam os primeiros reveladores das vicissitudes da economia libidinal do sujeito, permitindo-nos refletir sobre suas potencialidades psíquicas futuras ou, na nossa linguagem, sobre a instalação de seus processos de *mentalização*.

A observação de uma paciente adulta sofrendo de insônia desde sua tenra infância me pareceu interessante para tentar apreciar o trabalho de psiquização da excitação e de seu destino no seu funcionamento, por meio de suas diferentes manifestações e etapas de sua vida. Diversas somatizações pontuaram sua história, que serão situadas por meio do relato.

Essa paciente me surpreendeu desde o início pela sua afirmação da importância das "relações físicas", me diz ela, consideradas como uma "solução natural" aos seus problemas de sono. A sexualidade foi apresentada como um "medicamento", tendo se tornado para ela uma "necessidade vital". Pela discussão desse caso e dos diversos sintomas presentes, será questionado o valor econômico dessa sexualidade, inerente ao modo de funcionamento mental da paciente.

Elementos da história de Edith

Meu primeiro encontro com Edith deixou-me bastante perplexa. Por trás da exuberância aparente, um fundo sombrio apontava no horizonte dessa mulher pequenina, ágil e tônica, com um corte de cabelo na moda, decotes e transparências. Diante de sua aparência um tanto exibicionista, meu olhar precisou fugir, buscando um ponto de apoio entre nós.

Já tendo passado dos 60 anos, ela me disse sentir que sua vida estava começando, a aposentadoria lhe havia dado ainda mais vontade de sair, encontrar pessoas, passear; que seu "programa" era intenso, constituído de atividades diversas: ginástica, dança de salão, caminhadas, conferências, viagens... Tudo isso foi anunciado como indispensável ao seu equilíbrio, assim como se tornaram nos últimos anos as diversas práticas sexuais, com diversos parceiros. Vai assim se confirmando, aos poucos, que o registro econômico se encontrava no primeiro plano em Edith, em detrimento de expressões afetivas e subjetivas. Apesar da presença de elementos de aparência histérica, era flagrante sua necessidade de validação de seus atributos e sucessos, que indicava a prevalência de uma organização narcísica. O tempo parecia congelado no atual, e de fato os elementos de seu passado infantil só vieram ao cabo de muitos meses de trabalho analítico.

Grande insone, Edith se tratou ao longo de sua vida com fortes doses de produtos hipnóticos. Há uns dez anos, descontente com sua dependência dos medicamentos, decidiu se abster definitivamente. Pouco tempo depois, ela desenvolveu uma séria alopecia, seguida por um prurido violento. Outras somatizações, como dores dorsais e de cabeça, assim como sérias vertigens, encontravam-se também presentes nessa paciente.

Edith casou muito jovem com um homem extremamente passivo e teve rapidamente seus quatro filhos. Após o nascimento destes, retomou maciçamente sua atividade esportiva, engajando-se em diversos treinamentos e competições. Ao mesmo tempo, retomou seus estudos e encontrou um emprego estável. Durante anos Edith girou em um círculo infernal, entre uma intensa atividade física e sua incapacidade de regressão ao sono. Só os soníferos conseguiam "acalmar a máquina". Tomada por sérias dores dorsais, foi obrigada finalmente a parar as práticas esportivas.

Os anos passam, e, já divorciada, ela vai fazer de sua sexualidade seu novo polo de investimento. Responde e passa anúncios de encontros colocados nos jornais e na internet, participa de atividades de grupo e estágios de todo tipo, descobre um mundo novo que a mobiliza inteiramente. Encontra, enfim, um homem carismático, mas pouco disponível, com quem manterá uma relação tumultuada. A função hipnótica da sexualidade, tão realçada, não é mais tão "miraculosa" a partir de certo momento, mas ela já não pode prescindir desses altos níveis de excitação, dos quais se tornou, conforme seu funcionamento habitual, uma "*escrava*" (evocando aqui a expressão "escravos da quantidade" de De M'Uzan, 1984/1994).

Foi pelo meu interesse pela história de sua insônia e de seu contexto que, de uma vez só, Edith vai me contar seu passado infantil.

Ela nasceu em Paris no começo da Segunda Guerra, em um contexto particularmente tenso pela presença dos ocupantes, e em seus primeiros anos de vida a família viveu num porão. Desde seu nascimento e ao longo de sua infância, seus pais trabalhavam à noite e voltavam somente ao amanhecer, pois eram donos de um cabaré. Durante o dia dormiam, ou saíam. Quando bebê, foi confiada a "qualquer um". Edith cita um episódio, que não foi o único desse tipo, quando, com poucos meses de vida, seu pai, chegando em casa, encontrou-a sufocando-se de choro, pois sua mãe havia partido, deixando-a completamente só.

Filha mais velha entre vários irmãos, desde tenra idade Edith cuidava destes noite e dia. Lembra-se de noites desesperadas, os irmãos e irmãs chorando, doentes ou aterrorizados, nas quais ela não podia fechar os olhos. Às suas próprias dificuldades para dormir, foram adicionadas as dos irmãos menores, que tiveram, alguns deles, destinos trágicos.

As palavras utilizadas ao referir-se à sua mãe em seus relatos eram de enorme violência: egoísta, interesseira, irascível; ela atirava objetos e batia tanto nas crianças quanto no marido. Quanto ao pai, era indiferente às crianças e dominado pela mulher. O relato do passado familiar foi feito por fragmentos, e com uma dificuldade sem dúvida ligada a seu peso traumático: efeitos da guerra, abandonos, abortos, suicídios, malformações congênitas, maus-tratos etc.

Configurava-se assim, nessa paciente, um desenvolvimento pulsional marcado pelo *traumatismo precoce*, mutilando a construção do seu eu, e suscetível de se reativar ao longo da vida. Edith tentou, sem cessar e por diversos meios de coexcitação, produzir uma reserva de libido apta a neutralizar os riscos de desintrincação pulsional. A regulação de sua economia psicossomática e a repartição das excitações nos três setores – somático, comportamental e mental – permaneceram instáveis e precárias.

Um destino pulsional "inacabado"

A *Hilflosigkeit*, ou "estado de desamparo", parece ter sido uma experiência recorrente durante o primeiro ano de vida de Edith. Esse estado de angústia do bebê deixado ao abandono, submerso na sua impotência ante o aumento da tensão da necessidade, produziu uma importante alteração em sua evolução pulsional. A condição neotênica humana exige a intervenção do objeto por meio da *função materna* para assegurar tanto a montagem das pulsões de autoconservação quanto das pulsões sexuais. A noção de função materna, introduzida por Pierre Marty (1976) e enriquecida por outros autores, visa abarcar um conjunto de operações inscritas tanto na herança filogenética quanto no que singulariza o objeto de cuidados no seio de uma família, de uma etnia, de uma cultura etc., assegurando tanto a sobrevivência e o desenvolvimento biológico quanto a inscrição da psicossexualidade do indivíduo. Do ponto de vista metapsicológico, nos aproximaríamos da concepção de André Green, que situa o objeto como o "revelador da pulsão" (Green, 1984/1995).

A experiência de abandono, marcando uma falha fundamental da função materna, intervém na organização do destino das pulsões descrito por Freud (1915/2004) na *metapsicologia* conhecida como "duplo retorno" (também traduzido por "reversão"). Tais transformações elementares da pulsão, ou seja, a inversão em seu contrário e o retorno para a própria pessoa, são constitutivas tanto da organização do narcisismo quanto da elaboração pulsional erótica. A ação conjunta desses dois mecanismos instaura o regime dito "reflexivo" ou, conforme a expressão freudiana, "a voz reflexiva média", que corresponderia a "eu me", ou seja, "eu faço a mim mesmo", situada entre a voz ativa, "eu lhe" ("eu faço ao objeto"), e a voz passiva, "ele me" ("o objeto faz a mim").

Falhas no desenrolar desse processo teriam como corolário um "destino pulsional inacabado", com consequências consideráveis na instauração dos chamados processos de *mentalização.* Michel Fain (2001b) levanta um ponto fundamental ao afirmar que: "O duplo retorno só pode ser triangular, ou então ele não acontece e [instala uma] falta" (p. 35). A concepção dos destinos pulsionais e das interações precoces será assim revista à luz da sexualidade materna.

Será postulado o papel decisivo de uma triangulação edípica presente desde o início, que se torna eficaz por meio daquilo que Braunschweig e Fain (1975) chamaram de *censura da amante.* Essa noção designa a mensagem veiculada pela mãe quando desinveste seu filho e dirige seu investimento erótico de adulto para o seu objeto de desejo (o pai da criança ou outro), estabelecendo assim uma descontinuidade e uma diferenciação de seus investimentos. A excitação sexual erótica materna é então concebida entre seu desejo de mulher e a ternura de mãe, definida como *inibição quanto à meta* de sua sexualidade (Green, 1997).

A ausência dessa triangulação precoce, isto é, do complemento erótico do objeto, teria como resultado "a não constituição da representação de um objeto ativo que, em não encontrando seu lugar no movimento do duplo retorno, só se manifestaria na posição de uma falta excessivamente excitante e persecutória" (Fain, 2001b, p. 32). Esse tempo de prazer do eu nascente do bebê, resultante da conjunção fantasmática do objeto ativo com o seu erotismo passivo (correspondente ao retorno da voz reflexiva matizada pelo erotismo do objeto), não podendo deixar seu traço no inconsciente (pelo recalque), manteria então, por meio dessa falta, uma excitação crônica. Vê-se assim comprometida a identificação inconsciente com os dois parceiros da cena primitiva, altamente carregada eroticamente, capaz de instalar a voz reflexiva ("eu me faço aquilo que eles fazem"). Forma-se então um hiato dentro dos movimentos pulsionais, pois, ao invés de autoerotismos unificados numa relação triangular e em fantasias primitivas organizadoras que alimentam o sonho e inauguram o trabalho de representação, se infiltram autoerotismos dispersos, sem ligação libidinal com as zonas corporais, que permanecem fora do campo das representações nascentes, ou seja, das operações psíquicas que chamamos de mentalização. Isso se manteria no registro de uma excitação indiferenciada, reduzida ao que Fain denomina "*uma sensorialidade traumática primária*". Esse núcleo traumático mantém seu potencial de destrutividade pela permanência de uma "*zona de sensibilidade do inconsciente*" capaz de despertar ao longo da vida e de se manifestar por meio de sintomas diversos, principalmente somáticos (Fain, 1971).

Voltemos à história de Edith.

***

O desespero de Edith diante da responsabilidade precocíssima de cuidar dos irmãos menores na ausência dos pais a induziu a um estado recorrente de uma forma de sideração noturna. Ela certamente não conheceu a ternura que favoreceria, pelo prazer experimentado, uma redução do tônus e uma *introjeção conservadora da libido* (Fain, 2001b), indispensável ao acesso à posição passiva e receptiva. O regime noturno descrito é de um ataque constante de uma paraexcitação já pouco funcional ante suas próprias excitações endógenas, somadas à massa de excitações circundantes em cascata.

A produção onírica de Edith revelou-se muito restrita, o sonho fracassando em sua função de guardião do sono. Foram evocados sonhos que se confundiam com a realidade diurna, assim como sonhos "em série", de tipo repetitivos, do estilo dos sonhos das neuroses traumáticas. Sua incapacidade para desinvestir certas percepções diurnas se manifestava algumas vezes pela aparição, antes de dormir, de "imagens congeladas", tendo como efeito a barragem do caminho regrediente do trabalho onírico. Por exemplo, a imagem ameaçadora das unhas longas e vermelhas da mãe.

Nessas condições pouco favoráveis a uma evolução obedecendo ao "*imperativo de complexificação pulsional*", se substituiria um "*imperativo de desenvolvimento prematuro do eu*", nos termos de Fain (1991). O investimento prematuro das "funções do eu" para fins paraexcitantes se substituiria ao desenvolvimento dos autoerotismos e à emergência das satisfações passivo-receptivas. Essa hipertrofia do eu seria acompanhada de um investimento do perceptivo e da motricidade, em detrimento dos processos autorreflexivos no seio dos quais emergem as representações mentais: o domínio do ato e do comportamento seria assim investido.

Verdadeira "menina moleque", Edith, a partir da adolescência, fez da prática de esportes seu principal interesse e a via principal de tratamento das excitações "mal pulsionalizadas". Pelo investimento maciço da musculatura e pelo prazer obtido favorecendo a coexcitação libidinal, Edith tentava assim tratar a sua destrutividade interna, pois a violência materna seguia exercendo sobre ela uma pressão constante.

Tornar-se "dona de seu corpo", de forma ativa, para não sofrer passivamente o controle materno, tornou-se um mecanismo central de seu funcionamento.

Essa tendência eminentemente antirregressiva, marcada pela *incompletude* pulsional e narcísica de quem jamais conheceu a plenitude na versão de "Sua Majestade o Bebê", permitiria atribuir a essa paciente um *narcisismo fálico*, afirmação de uma plenitude fundada sobre uma *neorrealidade* (Fain, 1991).

Fain desenvolve a ideia de que o narcisismo fálico, nascido de uma tentativa de negação do sentimento de incompletude pulsional estrutural, e da percepção da castração e da diferença dos sexos, corresponde *in fine* a um voto latente de "ser o pênis que falta à mãe". Nessa perspectiva, o pênis leva o nome de *phallus* e se traduz pelos ideais do *socius*, valorizando as atividades exitosas. O *narcisismo de comportamento* assim constituído é alimentado por um ideal coercitivo, que exige sua validação de forma permanente, sem descanso (isso corresponderia à instância definida por Pierre Marty como *eu ideal*).

A morte trágica, por suicídio, de uma das suas irmãs pôs à prova os recursos psíquicos de Edith pela confrontação brutal com essa perda e pela mobilização de um potencial sentimento de culpa. Essa não parece, portanto, ter sido sua reação. O desencadeamento de uma alopecia viria a confirmar sua vulnerabilidade e impossibilidade de um movimento depressivo ou de um trabalho de luto. Outros elementos viriam a complicar o quadro: com a melhora da alopecia, um prurido se instalou no couro cabeludo, acompanhado, sobretudo à noite, de uma incoercível coceira. Pelo circuito prurido/coceira, Edith tentava acalmar uma excitação dolorosa, equivalente a uma lancinante angústia que não era vivida como tal e que a despertava algumas vezes à noite, impondo por meio da coceira uma excitação ainda mais intensa. A noção de *procedimento autocalmante* foi forjada (Szwec, 1998, Smadja, 1993) para descrever condutas que utilizam a sensório-motricidade como via de descarga e são capturadas pelo mecanismo de repetição. Em oposição aos autoerotismos que, sustentados pela libido, visam a obtenção da satisfação, os procedimentos autocalmantes utilizam o próprio mecanismo da pulsão de destruição, que é a repetição, para reduzir a tensão da excitação, e visam a obtenção da calma. Autocalmante e ao mesmo tempo autoexcitante, essa utilização da sensório-motricidade vem tentar reduzir a tensão proveniente do retorno do traumático, assinalando de forma flagrante, no caso do prurido noturno de Edith, o fracasso do trabalho do sonho. Embora um *quantum* de prazer produtor de coexcitação sexual possa ser obtido secundariamente nessa dinâmica da coceira que visa, de certa forma, um clímax, é a redução mecânica da tensão que parece, acima de tudo, ser visada.

***

Duas lembranças de masturbação infantil foram trazidas por Edith e podem ser apreciadas à luz dessa oposição entre autoerotismos e os procedimentos autocalmantes.

Ela situa por volta de seus 5 anos a prática de um jogo de exploração genital, visivelmente não recalcado e sobre o qual não traz associações que possam enriquecer seu contexto. Tratava-se da introdução repetida de um lápis na vagina. A descoberta prematura da vagina e os autoerotismos genitais precoces em meninas pequenas foi observado por Léon Kreisler (citado por Braunschweig e Fain, 1971), que observa que, acima de tudo, se trataria de meninas que tiveram com a mãe uma relação carente. Fain e Braunschweig ressaltam que o investimento narcísico primário materno teria sido insuficiente, não tendo veiculado a lei paterna que impõe o recalcamento primário da vagina como zona erógena (protegendo-o desse modo, pela lei do silêncio, da ameaça de castração). Essa consciência prematura da vagina torna-se então o equivalente de um profundo sentimento de solidão.

A descrição de Edith dessa mímica de penetração me enviaria ao aspecto comportamental do jogo do carretel (for-da) utilizado por Freud no estudo das neuroses traumáticas, que visa controlar a ausência do objeto, fracassando, porém, em imprimir seu traço em nível psíquico por meio de uma fantasia ou um afeto, como sugerido por Gérard Szwec (1998) a respeito dos procedimentos autocalmantes, os quais foram calcados para ele justamente nesse modelo.

Uma outra lembrança está situada entre 8 e 9 anos e diz respeito a um investimento autoerótico notável, que Edith descreve como uma "masturbação dos bicos dos seios". Sem ter podido contar com as associações próprias de Edith sobre essas lembranças, sugiro que esse entumecimento enviaria a uma tendência autoexcitante de ereção corporal, que evoluiria gradualmente a um investimento fálico do corpo inteiro "erigido" narcisicamente.

Que supor da organização das fantasias originárias, como a cena primitiva e a castração, em um contexto de sobre-excitação e inversão de papéis no nível da sexuação simbólica do casal parental, tendo por resultado uma mãe fálica e um pai castrado, no qual a censura da amante se veria barrada?

O quanto haveria de solicitação libidinal interna sustentada pelas fantasias, excitando as zonas erógenas e produzindo as sensações prazerosas próprias dos autoerotismos, e quanto pesaria o aspecto mecânico e repetitivo nos gestos descritos pela paciente?

Essas questões nos enviam à constituição da psicossexualidade de Edith e a suas práticas sexuais.

A sexualidade, que não tinha nenhuma importância para Edith, tornou-se central em sua vida após o divórcio, de um lado, e, de outro, a parada das práticas esportivas. Poderíamos atribuir a essa sexualidade uma função autocalmante?

O início de seu trabalho analítico foi marcado por inúmeras narrações de todos os tipos de encontros sexuais e de práticas a dois ou em grupo. Sempre muito fatuais e na ausência de censura, de ambivalência e de culpabilidade, e cindidas de qualquer afeto, suas narrações de tipo operatório dos cenários entre personagens pareciam se desenrolar em uma cena exterior ao seu psiquismo, cindidas das fontes internas e raízes pulsionais infantis. Durante os primeiros anos de trabalho analítico, meus esforços de mobilização do trabalho associativo e de rememoração a partir dos seus encontros ou fatos relatados esbarravam sempre em algumas poucas e repetitivas formulações e lembranças, sem que novas ligações pudessem se operar. Podemos aqui evocar a pobreza de representações no nível do pré-consciente de pacientes como Edith, muito enfatizada por Marty, que avaliava essa instância psíquica por meio da sua espessura (em termos de quantidade e qualidade das representações disponíveis) e da fluidez na sua função de intersecção entre o sistema percepção-consciência e o inconsciente. Também poderíamos pensar na "fobia do funcionamento mental" de Kestemberg (2001), própria às estruturas não neuróticas, implicando uma impossibilidade de juntar certas representações explosivas.

O funcionamento de Edith, que às vezes me exasperava, me enviava à *dramatização da polaridade externa* formulada por Claude Smadja (2001b) que substituiria a dramatização histérica interna faltante, pois a neurose infantil não haveria sido estruturada. Em vez de uma estrutura perversa ou de uma neurose histérica constituída, tratar-se-ia preferencialmente de um comportamento sexual "órfão de seu sentido infantil", segundo a expressão de Michel Fain

(1984). A fragilidade de suas *identificações histéricas primárias* e a falha na organização processual dos autoerotismos, do Édipo, das identificações e da bissexualidade psíquica (*in fine*: da psicossexualidade) teriam a conduzido à constituição de uma forma de *histeria de comportamento*.

Encontrando-se só após seu divórcio, o apetite relacional e sexual teria sido uma resposta imperiosa à violência de uma angústia difusa emergindo das zonas traumáticas e ligadas às experiências de abandono, sempre ativas. Ao conjunto habitual dos seus comportamentos *antipassividade*, ela acrescenta um novo fator: "o corpo do outro". Os encontros com os parceiros sexuais irão ampliar sua gama habitual de descarga sensório-motora, fazendo intervir uma nova sensorialidade de valor autocalmante/autoexcitante, procedente dessa vez do corpo a corpo – os limites eu-outro permanecendo, contudo, bem indiferenciados. Se o objetivo desses encontros não seria a obtenção de satisfações libidinais propriamente ditas e, uma vez mais, o fracionamento da tensão interna, a domesticação da angústia e a calma narcísica, inesperadamente Edith descobre um novo sistema de ligação pulsional, do qual ela não pode mais prescindir e que a orienta ao objeto.

Joyce McDougall (2001) tratou em profundidade, a título de *soluções neossexuais*, a questão da sexualidade com valor de reparação narcísica e "controle" dos traumatismos infantis. Propôs a noção de *neonecessidades* sexuais a serviço da homeostase narcísica e da criação de uma neorrealidade utilizando atos e objetos sexuais a serviço da homeostase libidinal, a dimensão *aditiva* dessas soluções sendo para ela central. Os desenvolvimentos de Joyce McDougall são indispensáveis na abordagem contemporânea dessas sexualidades que se encontram, pode-se dizer, "mais além do princípio do prazer". Embora também situe a problemática no registro econômico e do ato, observa-se nos relatos clínicos de McDougall uma riqueza fantasmática que parece ausente em uma paciente que tem um funcionamento mental como o de Edith.

Michel de M'Uzan (2005), em recente artigo, examinou o caso da inscrição das pulsões sexuais no registro *identitário,* situando o caso do orgasmo fora do campo da psicossexualidade, da ordem de uma necessidade imperativa de satisfação, e que intervém no campo da autoconservação. A partir de um caso clínico, ele faz a hipótese da presença de uma "disjunção" entre a atividade fantasmática e a experiência orgástica, corolário de um fracasso inicial da sedução (pela falta ou pelo excesso). Minha paciente Edith me introduziu um termo contemporâneo que eu não conhecia : o "orgasto", que, diferentemente do "orgasmo", visaria uma experiência de prazer puramente mecânica.

André Green (1997), discutindo a sexualidade nos casos-limite, propõe a ideia de uma *sexualização de conflitos não libidinais*, implementada pelo eu diante de uma problemática essencialmente narcísica, que revela a incapacidade de reconhecimento da alteridade. A sexualidade supostamente partilhada torna-se um exercício autoerótico, com a redução do objeto a um estado de objeto funcional de extensão masturbatória. Esse modo de exercício sexual "desafetivado" protegeria a "fortaleza narcísica" do perigo da ferida, da rejeição ou da perda. Faz igualmente a hipótese de que as "turbulências pré-genitais" e outras manifestações não eróticas, auto ou antieróticas protegeriam um fantasma genital altamente idealizado. Green, a respeito do que ele denomina de *sexualidade expansiva* e que pode se exprimir, principalmente, durante o processo analítico, fala de um movimento que evoca o da Edith. Trata-se de uma *erotização secundária* visando assegurar uma protestação viril da atividade do eu, que se recusa a suportar passivamente os retornos possíveis dos traumas antigos vividos na relação objetal primária, mobilizados durante a análise.

Edith, para quem a sexualidade era um novo esporte que a permitiria lutar contra a insônia, se viu confrontada, pouco a pouco, com equações mais complexas, em que Eros veio reclamar sua dívida; o processo analítico já avançado e a transferência contribuíram, sem dúvida, de modo decisivo. Uma paixão por um homem com uma nova tonalidade erótica nasceu, e uma relação do tipo sadomasoquista se instalou entre eles, podendo, pouco a pouco, ser interpretada à luz da sua relação com sua mãe e da transferência. Diante das frustrações infligidas por esse homem, Edith redobra sua atividade sexual com outros parceiros, a fim de dominar, pela repetição, o retorno traumático das angústias de abandono e proteger seu narcisismo. Por esses comportamentos do tipo *traumatofílicos* (seus múltiplos parceiros eram igualmente "abandônicos" ou francamente sádicos), ela tenta ligar suas pulsões destrutivas pelo ato e pela repetição do traumatismo, por não poder, todavia, por meio de fantasias e de afetos vividos, constituir uma vivência verdadeiramente *masoquista* (no sentido de uma *retenção erotizada da excitação*).

Nos desdobramentos teóricos acerca dos procedimentos autocalmantes, Gérard Szwec (1998) destacou a procura repetitiva, pela tensão do corpo e dos sentidos, do retorno perceptivo da angústia traumática inicial e da tentativa de uma *intrincação pulsional no nível comportamental*, na falta de uma ligação no nível psíquico. Claude Smadja (1995) propôs a ideia de que os procedimentos autocalmantes poderiam representar tentativas de uma saída pulsional, quando os elementos eróticos estão presentes e tentam se ligar à destrutividade interna, seja pelo masoquismo, seja pelo sadismo. Sua hipótese seria que os procedimentos autocalmantes representariam o *destino inacabado do sadomasoquismo.*

No final de seu artigo "Do corpo erógeno ao corpo enfermo", Michel Fain (1984) questiona o *comportamento sexual* "que não é acompanhado de uma aptidão a se expressar de outro modo" (p. 134) e que seria "*banalmente instintual*", cindido das raízes infantis da sexualidade e do conflito edipiano. Ele lembra ainda que esses indivíduos são, algumas vezes, levados a viver violentas paixões por objetos decepcionantes por definição, pois são incapazes de pôr um fim ao seu sentimento de falta.

Nesse mesmo artigo, Michel Fain coloca uma questão central a respeito desses indivíduos que subordinam sua necessidade de atividade a sistemas exteriores: *procurariam eles esse tempo do duplo retorno (o "ele me" do objeto) que lhes faltou?*

Penso reconhecer no comportamento sexual de Edith um movimento dessa ordem. Ante uma figura materna fálica, indiferenciada e assustadora, um tipo de personagem andrógino que não a teria permitido o retorno do investimento pulsional em termos do "ela me" triangulado, que tornaria talvez possível a constituição de uma voz reflexiva, o "eu me", transformada pela identificação, Edith, por meio desses comportamentos sexuais, não parou de tentar reencontrar o objeto erótico capaz de concluir esse ciclo, sempre fracassando.

Por essa incursão de "corpo aberto" (*corps perdu*) no universo da consumação do sexo, Edith teria procurado sem cessar, mas sem ter a menor suspeita, penetrar no universo misterioso da noite "acordada e acesa" de seus pais. "Pôr em ato" diferentes figuras da sexualidade, com seus objetos múltiplos e intercambiáveis, responderia a uma irrepressível pressão pulsional (uma "*pulsão em ato*" - Green, 1997) da qual ela precisava livrar-se para melhor conservá-la.

Portanto, pareceria que, além do aspecto comportamental e paraexcitante, a experiência das "relações físicas", em certas condições e com certos parceiros, pôde favorecer em Edith, ao que parece, a inscrição de um traço, trilhado pelas sensações de prazer vivenciadas no *corpo a corpo*, principalmente, diria, homoeróticas. Isso teria permitido uma ligação libidinal de sua *sensorialidade primária traumática*, tratada, até então, principalmente pelos *comportamentos autocalmantes anobjetais*. Foi assim que Edith chegou a afirmar ter encontrado, mas em seguida perdido, a "solução natural para a insônia", pois a permanência do objeto externo concreto implicado nessa *sexualidade de comportamento* se revelou impossível de se manter, reenviando continuamente ao objeto traumático inicial e reinstalando a tendência à repetição. Não podendo tornar-se *satisfatória*, essa sexualidade permaneceu, apesar de tudo, prioritariamente *autocalmante*.

Se a tendência para o agir sexual seria autocalmante porque substituiria o objeto inconsciente faltante e aliviaria no nível econômico a sobrecarga das excitações, ela seria, ao meu ver, uma incansável busca de satisfação libidinal e a espera de uma *nova resposta* do objeto.

"Não há sexualidade sem objeto [seja ela marcada pelo narcisismo] e não há objeto que não seja investido pelas pulsões e que não responda a esse investimento introduzindo o efeito de suas próprias pulsões", afirma André Green (1997, p. 151). Eros, pulsão de coesão, implica a manutenção de uma libido em busca de um objeto, pois a função deste é a junção entre o prazer e o amor.

Ainda que a função autocalmante dos comportamentos sexuais, como pude observar em Edith, implicasse a utilização do objeto na busca da *calma narcísica*, em condições favoráveis e graças à infiltração da libido, isso pôde promover novas ligações psíquicas das excitações e influenciar diretamente a *organização pulsão-objeto*. O processo analítico, a partir dos movimentos tranfero-contratransferenciais, sobre os quais não posso me estender aqui, permitiu que um trabalho integrativo dessa ordem pudesse ser efetuado com Edith, ao longo de vários anos. Cito somente a passagem na qual foi trabalhada uma importante experiência de uma relação a três de Edith com um casal, e a emergência inesperada de um sentimento de ciúme, que pôde ser analisada à luz das faltas vividas no cenário infantil e elaborada na transferência, nas vésperas de uma saída minha de férias. Esse foi um marco inicial de todo um trabalho de construção analítica com Edith.

A aquisição progressiva de novas capacidades regressivas que favoreciam a circularidade atividade-passividade e podiam alimentar seu narcisismo ("eu faço a mim mesma o que minha analista faz com seu parceiro") permitiu que aos poucos uma nova organização pulsional se instalasse em Edith. Mais apta a um movimento autorreflexivo e ao reconhecimento de seus afetos assim como da vetorização destes aos objetos, os laços entre seus estados de excitação e sua psicossexualidade foram se formando.

Esse caminho elaborativo estaria apoiado pelo movimento, descrito por Denise Braunschweig, de *identificação histérica inconsciente aos conteúdos mentais eróticos do analista*, suscetíveis de alimentarem a produção fantasmática da paciente, de acordo com o trabalho solicitado na transmissão da mensagem de "censura da amante". Marty concebia o trabalho do analista como indo da "função materna à psicanálise". Isso requer tanto uma capacidade de presença e de apreciação sensível e afetiva das oscilações econômicas em torno das zonas traumáticas do paciente, e o aporte de respostas paraexcitantes e continentes, quanto, evidentemente, a redinamização do funcionamento mental do paciente, a mobilização de sua associatividade com a formulação gradativa dos conflitos, o "enfrentamento" de sua violência pulsional (Dejours, 1989) e, enfim, o trabalho interpretativo.

O analista desempenharia o papel do "novo objeto", capaz de fornecer "novas condições" favoráveis à eficiência psíquica do movimento pulsional?

***

Edith começou a poder dormir só e seus sintomas somáticos, notadamente o prurido, tornaram-se para ela os sinais de um transbordamento pulsional, podendo ser expressos pela linguagem, restabelecendo assim o circuito da angústia como sinal de alarme. Um movimento de *requalificação da excitação sexual* foi iniciado, abrindo assim uma via nos domínios de Eros, onde o registro autoconservador impunha seu reinado.

Um movimento mutativo ocorreu no tratamento de Edith quando, em uma sessão, ela observou que, após as relações sexuais, bastava que seu parceiro a tomasse em seus braços e que ela colocasse sua cabeça em seu ombro para que ela adormecesse imediatamente. Ela vai se perguntar então, com espanto, se o momento realmente esperado nas relações sexuais, desde que as praticara de modo mais ou menos indiferenciado, não era outro senão aquele em que, no corpo a corpo com o parceiro, ela buscava obter o calor e a ternura, jamais obtido na relação com sua mãe.

Desde então, Edith pôde começar a vislumbrar o *sono dos amantes* (Braunschweig & Fain, 1971), no qual os amantes adormecidos nos braços um do outro e em uma projeção mútua do narcisismo reproduzem a unidade primária com um objeto confiável, base necessária para que as fantasias e sonhos mais diversos e exuberantes possam deslanchar, sem que a unidade do eu seja posta em risco.

Nessa perspectiva, o campo de Eros seguiria sua evolução ao longo da *cadeia erótica* descrita por André Green (1997), que partindo das moções pulsionais (com suas raízes somáticas) desabrocharia, abarcando as fantasias, sublimações e linguagem, atravessando o desejo e as lembranças.

6. Salvar sua pele[6]

A atração pelo *ilimitado* presente na clínica psicossomática da alergia nos convida a um mergulho no universo mítico de *Talassa* e à especulação de Ferenczi acerca de um desejo de *retorno ao oceano primitivo* presente na espécie humana desde a "grande catástrofe do ressecamento das águas" (Ferenczi, 1924/1974, pp. 288-298). A noção de regressão *talassâmica* corresponderia ao desejo de retorno ao estado intrauterino, como equivalente do meio aquático perdido, inscrito como traço filogenético e reativado em todos os indivíduos na ocasião do sono e do ato sexual.

Não menos misteriosa é a ideia proposta por Pierre Marty de uma regressão a um ponto de fixação arcaica que reconduz o sujeito "a um sistema no qual ele forma um todo indiferenciado com o

---

6 Conferência proferida na XX Journée Scientifique de l'Institut de Psychosomatique Pierre Marty (Ipso), na Salle René Diatkine, Paris, em 15 de junho 2018. Artigo publicado na *Revue française de psychosomatique*, *1*(55), 157-171, 2019, sob o título "Sauver sa peau", e na *Constructo Revista de Psicanálise*, 5, 2020.
Tradução de Ana Baccari Khun.

meio ambiente" (Marty, 1958, p. 24). Isso caracterizaria uma forma de organização psicossomática que ele denominou de *alérgica essencial*. Mesmo tendo afirmado o caráter hipotético desta concepção de um sistema regressivo podendo alcançar até a *fase humoral*, Marty nunca renunciou em seus desenvolvimentos ulteriores sobre funcionamento alérgico ao "fantasma de um mecanismo de fixação pré-natal proveniente das relações do feto com a mãe" (Marty, 1969, p. 246).

A perspectiva evolucionista, que reúne esses dois autores, vai ao encontro das preocupações constantes do Freud biólogo, que viu em Thalassa a "produção mais brilhante e a mais rica em ideias" de Ferenczi (Freud, 1933/1995b, p. 312).

A organização psicossomática para Marty é subordinada a um movimento evolutivo ao qual se opõem forças regressivas. Esse movimento evolutivo é marcado por *pontos de fixação*, que regulam o movimento contraevolutivo de desorganização, igualmente inerente ao humano. Enquanto o postulado de uma fixação fetal na alergia pertenceria ao domínio da biologia e deveria ser demonstrado em seu registro próprio, os aspectos semiológicos dos pacientes ditos "alérgicos" são confirmados pela experiência clínica. Notemos que as características que foram descritas nesse modo de funcionamento se encontram, mas podem não se encontrar, ou ainda se encontrar de modo parcial, nos pacientes com transtornos somáticos comprovados do espectro alérgico. Acima de tudo, tratar-se-ia aqui de um *modo de relação de objeto* que estaria em questão. Em suma, o fato incontestável é que uma modalidade de funcionamento original foi descrita pela Escola de Paris, trazendo uma contribuição notável no campo da psicopatologia.

Relação objetal alérgica

Do ponto de vista fenomenológico, o que se observa nessa clínica é a constante tendência à extinção das fronteiras entre o alérgico e seu mundo: "o sujeito habita o objeto da mesma forma que é habitado por este" (Marty, 1958, p. 7). Isso se acompanha da classicamente descrita *intersubstituibilidade objetal*. Eis aqui uma ilustração eloquente:

Algum tempo após o término de uma relação amorosa com um homem que a abandonou brutalmente, uma de minhas pacientes dá a seguinte descrição de um novo encontro: "ele estava lá, na minha sala (tratava-se de alguém que viera fazer uma instalação em sua casa), quando se aproximou, senti muito forte a presença de meu ex... Fechei os olhos e não sabia mais de qual dos dois se tratava! Ele me beijou, e me deixei levar completamente...". *Tornando-se um* com esse novo objeto, que se tornava um com o objeto perdido, ela me mostrava como a "captura" de um novo objeto podia oferecer uma solução por substituição, evitando assim o trabalho de luto e permitindo que, citando uma descrição emblemática de Marty,

> *. . . cada objeto que se apresente, quer seja humano, animal, vegetal ou coisa, possa ser investido como "hóspede" em muito pouco tempo. E que possa, aliás, ao sabor das rupturas e das retomadas de contato temporo-espaciais, ser também rapidamente desinvestido e abandonado em benefício de um novo "hóspede". (Marty, 1958, p. 9)*

Tratar-se-ia de um fenômeno de "captação-aspiração" do outro misturado a si, cujos exemplos são fartos na literatura psicossomática. Essas formas muito primitivas de contato poderiam evocar a descrição de Ferenczi de "adaptação autoplástica" (Ferenczi, 1924/1974, p. 104) que corresponde a uma regressão profunda, mais profunda que no sonho, se encarnando em estados e atos do corpo atribuídos por ele a uma fase "protopsíquica" (p. 60).

Se uma necessidade de adaptação tão profunda existisse, sob quais condições ou contra quais ameaças se ergueria? A fusão ao meio ambiente para fins defensivos é amplamente conhecida na natureza. Tratar-se-ia, no alérgico essencial, de uma indiferenciação eu-objeto e *a fortiori* dos objetos entre eles, que o protegeria contra uma angústia "cataclísmica", fazendo-o temer a falta de ar ou o rasgo na pele? O arquétipo do "grande ressecamento das águas" ferencziano seria assim uma metáfora da angústia primitiva da separação mãe-filho.

Voltando à minha paciente, sua tendência a se fundir no universo do outro muitas vezes me surpreendeu. Teve dois filhos com um homem de quem igualmente adotou a cultura, os hábitos alimentares e de vestuário, até o dia em que essa capacidade de se moldar ao seu meio não mais se sustentou. Viu-se confrontada com uma situação triangular irredutível ao seu sistema habitual, e, no lugar de uma crise de ordem psíquica e da confrontação com os conflitos e as diferenças eclodidas entre ela e seus objetos, uma doença de pele se desencadeou. Essa paciente, que tinha um *funcionamento alérgico típico*, desenvolveu uma doença autoimune de expressão dermatológica, que a trouxe ao Instituto de Psicossomática, onde a recebi. Após alguns anos de trabalho analítico, com muitas idas e vindas à sua história, nos permitindo diferenciar confusas repetições entre diferentes episódios e parceiros, ela aceitou minha formulação a respeito da ruptura com um namorado que havia precedido o desencadeamento de sua dermatose, logo no início de sua vida de adulta: "Um verdadeiro rasgo, você estava com ele na pele" ("*Un vrai arrachement alors, vous l'aviez dans la peau*"). Ela pôde descrever então, já dispondo nessa altura de seu trabalho analítico de uma rede associativa mais rica e novas capacidades de ligação afeto--representação, a experiência de "amor à primeira vista" e a sensação de ter imediatamente "feito corpo" com esse homem. E acrescentou o quanto isso havia sido "muito tranquilizador", pois acabara de sair da casa dos pais, onde vivera vários anos muitas vezes só com sua mãe, enquanto seu pai fazia longas e obscuras viagens. Apesar da grande proximidade mãe-filha, a sombra de uma forte ambivalência no investimento materno estava presente nesse modo de relação do tipo *colagem/rejeição*, a mãe tendo feito sentir à sua filha, temporã, nascida depois de três irmãs, o quanto sua chegada havia atrapalhado sua vida.

Fenômenos alucinatórios?

Essa vivência de dissolução dos limites e de continuidade eu-objeto corresponderia aos fenômenos pertencentes à *linhagem alucinatória*, como o sonho, em que prevalece a tentativa de realização do eterno desejo de presença do objeto de satisfação?

Podemos seguir com Michel Fain (1969; Kreisler, Fain & Soulé, 1974), companheiro de Marty no desenvolvimento dos conceitos em psicossomática, na evolução de um debate no qual ele procura diferenciar os mecanismos alérgicos dos mecanismos mentais inconscientes classicamente descritos. Ele propõe, num primeiro tempo, que a substituição sucessiva de objetos presente no modo de relação alérgico se *assemelharia* ao mecanismo de deslocamento, como se observa nos sonhos, que transforma subitamente um sujeito em um outro; ou que a confusão também habitual entre nomes próprios ou pronomes pessoais se *assemelharia* ao mecanismo de condensação; *mas não* como os mecanismos psíquicos equivalentes àqueles que fabricam os sonhos do eu-adormecido, a partir dos traços mnésicos inconscientes servindo à figuração onírica: estes sucederiam durante o comportamento de *vigília* desses pacientes, servindo para manter uma perfeita continuidade entre o eu e o objeto (Fain, 1969, pp. 230-235). Fain considera então que a satisfação alucinatória do desejo seria um mecanismo de defesa prevalente nos alérgicos, mas não sob a forma alucinatória propriamente dita, e sim pela modelagem de uma *maneira de viver o ambiente*, por meio da qual eles procuram *adaptar seus objetos* (da expressão francesa "*aménager ses objets*", imputada a Maurice Bouvet) à maneira do "sonho simples realização do desejo" (p. 231). Assim, seria mantido um modo constante de satisfação pulsional, na presença de um objeto real, por um *modo perceptivo arcaico*, que não assegura uma inscrição permanente dos traços mnésicos e que precisa ser continuamente renovado. Fain vem a declarar finalmente que, embora de uso "muito cômodo" para descrever esses fenômenos, a utilização do qualificativo "alucinatório" seria inconciliável com o sistema alérgico (p. 237). Ele lembra, em defesa da coerência metapsicológica, que a autêntica satisfação alucinatória só pode ser ativada na *ausência* do objeto; ora, o núcleo alérgico essencial, de acordo com Marty, pressuporia uma fixação do sujeito a um estádio *pré-objetal* no qual reina a indistinção primária. Em 1974, na sua longa discussão com Léon Kreisler sobre a asma precoce em *A criança e seu corpo* (Kreisler, Fain & Soulé, 1974), Fain marca ainda uma hesitação e convém que "todo indivíduo consegue manter mais ou menos bem o sistema de satisfação alucinatória, mas se habitua ao seu constante fracasso" (p. 345). Em outros termos, este poderá tratar, mais ou menos bem e de diversas maneiras, a pressão pulsional interna gerada pelo vácuo que se cria entre a presença e a ausência de um objeto investido, e poderá dizer, por exemplo, por ocasião de uma ilusão perdida, "foi apenas um sonho...".

Ora, o alérgico, dada sua relação particular com o objeto, não teria desenvolvido recursos psíquicos suficientes para atenuar esse fracasso, ou seja, essa frustração. Em razão de uma forma de "insucesso" do recalcamento primário, toda ameaça de perda abriria uma brecha a reações regressivas no plano somático, de ordem humoral. Poder-se-ia dizer então que uma sensação de asfixia ou uma irritação epidérmica seria o resquício do desaparecimento de um objeto vivido ainda como uma parte de si, deixando em seu lugar a pressão dos conflitos pulsionais não elaborados, conduzindo à *autodestruição* da qual a somatização seria a expressão. No final do seu desenvolvimento em *A criança e seu corpo*, Fain propõe a formulação que me parece a mais justa: "se a satisfação alucinatória domina esse tipo de relação, o faz de forma muito primitiva, excluindo a estrutura particular que confere ao desejo a *figura do estranho*: símbolo condensando insaciabilidade, medo, separação, perda . . ." (p. 352). Ele indica aí a ideia de um desenvolvimento mantido embrionário na organização alérgica, no qual as forças do desejo se encontrariam privadas da heterogeneidade trazida pela figura do estranho, o elemento terceiro, obstruindo sua inscrição simbólica e interferindo na evolução de sua vida pulsional.

A noção de *destino pulsional inacabado* (*inachèvement du destin pulsionnel*), ulteriormente proposto por Fain em sua obra (Fain, 1991), se aplicaria igualmente, ao meu ver, à organização alérgica. Mas, diferentemente do que foi descrito nas outras organizações psicossomáticas, diante dos traumatismos precoces, esse destino não evoluiria em direção a uma prematuridade do eu, de tendência eminentemente antirregressiva, mas marcaria na alergia, pelo menos em certos setores, sua franca imaturidade, devido a uma fixação precocíssima associada a uma tendência à regressão a esse nível arcaico.

A angústia diante do estranho

A noção de exclusão do estranho evocada por Michel Fain na sua proposição de um "modo primitivo de satisfação alucinatória" faz referência à problemática da "ausência da angústia diante do rosto estranho", paradigmática do funcionamento alérgico, a partir dos trabalhos de R. Spitz (1968), que contribuíram sobremaneira para as pesquisas psicossomáticas. Numa perspectiva desenvolvimentista, Spitz estabeleceu um *primeiro ponto organizador* na evolução da criança, conhecido como o "sorriso a todos os rostos", que apareceria por volta do terceiro mês, associado a uma experiência de prazer e caracterizado pela indiferenciação eu-objeto. No modo de funcionamento que nos interessa aqui, uma fixação nesse ponto seria seguida de um fracasso na inscrição do *segundo ponto organizador*, em torno do oitavo mês, que no sentido evolutivo marca o momento de desfusão da criança com o objeto primário e da integração de um objeto outro em relação àquele primeiro. Isso se manifestaria pela experiência de uma angústia estruturante, dita "angústia diante do estranho", desencadeada pela percepção visual desse "outro" em relação à mãe (ou o objeto que exerce o seu papel), que assinala o desaparecimento desta e se acompanha da projeção sobre esse "estranho" das impressões internas de desprazer desencadeadas por esse desparecimento. Isso é alcançado por meio de um poderoso contrainvestimento, que dará origem ao recalcamento primário, polo de atração das representações que formarão o inconsciente. As observações clínicas demonstram que, muitas vezes, essa operação fracassa na organização alérgica.

O ponto de vista pulsional

O que se pode deduzir desse fracasso é que são as próprias bases da economia pulsional que se veem comprometidas; a noção de inacabamento pulsional ganha aqui todo sentido. É evidente que, no sentido evolutivo, a edificação do segundo ponto organizador, a inscrição psíquica do estranho, de nível de complexidade superior, dependerá do bom desenvolvimento do primeiro ponto. E isso seria tributário não somente de um calendário com base na evolução das capacidades de diferenciação perceptiva da criança, mas da emergência de sua vida pulsional, à luz das singularidades dos investimentos e desinvestimentos objetais, que pré-organizarão o ponto seguinte. As dificuldades presentes na separação eu-objeto e *a fortiori* na integração da figura do estranho serão tributárias de uma boa regulação da pressão pulsional exercida pela emergência dos fantasmas originários, com suas respectivas cargas econômicas, que demandam boas condições dinâmicas (objetais) para sua instalação. A natureza da fixação no primeiro ponto (do sorriso a todos os rostos) deve ser apreciada no singular, porque uma fixação se determina por um "excesso", ou por um "déficit" de satisfação libidinal vivida nos tempos primordiais: em outras palavras, seja pelo excesso de gratificação, seja pelo excesso de frustração. Notando que a fixação da qual aqui se fala não se exerce em uma zona erógena, mas em um modo de funcionamento, mais precisamente em um *modo de relação objetal*, cujo resultado é a instalação de um desejo de unificação-reunificação eu-objeto vida afora e, pode-se dizer, para combater a angústia de morte.

Partindo dessas considerações, o que dizer então da instalação do referido primeiro ponto organizador de Spitz? Algumas questões e cenários possíveis: o sorriso do bebê associado à experiência de prazer não dependeria essencialmente das modalidades de investimento do objeto, isto é, da qualidade de sua resposta? Ou ainda:

as primeiras trocas de sorrisos e de olhares entre o objeto e o bebê, com sua carga de libido, não seriam potencialmente atravessadas pela existência de um terceiro? Podemos então conceber que alguém sorri ao lado de uma díade que troca sorrisos. Exagerando o traço, alguém goza com o objeto que troca sorrisos com o bebê que, por sua vez, lhe sorrirá. Podemos imaginar uma infinita gama de situações, coloridas pelos mais diversos afetos: alguém está muito enciumado, até mesmo raivoso, diante de uma díade que troca sorrisos entre si e se fecha nela mesma. Ou talvez uns e outros concorram para obter mais sorrisos do bebê que o outro... Ou, quem sabe, ninguém se interessa pelos sorrisos do bebê. Ou, ainda, a trágica versão: um bebê procura sorrir ante um objeto que não sorri para ele.

Sugiro, por tais casos de figura, a ideia de um investimento libidinal do bebê pelos seus primeiros objetos, que o inscreve em uma triangulação ultraprecoce, à maneira da censura do amante, concebida por Denise Braunschweig e Michel Fain (1975). Nessa perspectiva, o objeto das interações precoces, nessa fase dita de indiferenciação, é um objeto erótico, inscrevendo-se em uma rede libidinal, investindo o bebê a partir de suas próprias pulsões, preenchendo suas funções ao mesmo tempo paraexcitantes e libidinalizantes e exercendo seu poder de intrincação, desintrincação e reintrincação das duas grandes pulsões: Eros e pulsão de destruição. O objeto primário faz advir a vida pulsional no indivíduo em construção, ele é seu revelador (Green, 1997), fracionando o campo energético e dando sentido às experiências vividas a dois, mas já desde o princípio a três, nem que seja apenas no nível inconsciente, caso este se encontre sozinho, com um bebê nos seus braços.

Os desafios próprios a essa configuração primária deixam suas marcas. Na organização psicossomática que nos interessa aqui, estas podem estar na origem de uma fixação que trará em seu bojo o germe do "*não reconhecimento da figura do estranho*", que implica, ao meu ver (apoiando-me em algumas notas de rodapé de Michel Fain na *Criança e seu corpo*), uma *não integração do fantasma* de cena *primitiva*, em conjunto com a *não inscrição de traços mnésicos* a esta concernentes. Vista desse ângulo, a ausência da angústia diante do estranho se tornaria nessa conjunção um sinal *patognomônico*.

Imperativo de desfusão e imperativo de conservação da fusão

Nesse tipo de desenvolvimento, por consequência, a urgência que se imporia à criança, e ulteriormente ao adulto, seria a de tentar conservar uma continuidade entre si mesma e o objeto, e de recusar, custe o que custar, sua ausência, que conteria em si o que poderíamos chamar de *um imperativo de desfusão* (tomei como referência a noção de Michel Fain de "imperativo de desinvestimento" [Fain, 1991]). Diante dos sinais de desinvestimento do objeto, ou das situações de impasse que impõem um investimento de um terceiro por parte do objeto, uma forte tensão interna, de ordem *traumática*, se manifestaria, a qual podemos supor tratar-se de uma reedição de traumatismos passados.

Para me ater a essa descrição, penso em uma criança de 3 anos, que sofre de insônia e de eczema, que, diante de mim e de minhas solicitações, despreza minha presença, se agarra a sua mãe, como um macaquinho sobe em seus ombros, desce por um lado, sobe pelo outro, coloca as mãos em seu decote, enquanto sua mãe aceita passivamente a situação e vai me contando o quanto foi duro aceitar sua gravidez, visto que suas relações com o marido estavam muito deterioradas e que um projeto de separação estava no horizonte naquela época.

Esse estado de sobrecarga de excitação interna na criança diante de mim, objeto-terceiro ameaçador, comportaria, por um lado, um pavor ante o risco de desinvestimento libidinal pelo objeto (sua mãe) e, por outro, um risco de liberação de forças agressivas contra este mesmo objeto, ameaçando seu organismo de uma desintrincação pulsional, se tomarmos como referência a segunda teoria das pulsões.

A ausência de constituição de um engrama de triangulação, que permitiria a vetorização dessas forças destrutivas em direção a um terceiro, o estranho, dá a esse enclausuramento a dois um caráter desesperado. As forças libidinais desintrincadas não contribuiriam nem à formação do feixe pulsional agressivo, alimentando a pulsão sádica em direção ao objeto, que permanece assim inteiramente "bom", nem em direção do terceiro, visto que este ainda não existe. Um fracasso do mecanismo de projeção se deduz igualmente nesse quadro. Poderiam sobrevir então modalidades de expulsão violentas, por exemplo as crises de cólera homéricas conhecidas nessas crianças. Assim, a tendência a-conflitual aqui descrita, do modo como se encontra na organização alérgica essencial, ocultaria potencialmente conflitos mortais.

Levantemos aqui o problema da não qualificação, na sua raiz mesmo, de um estado interno que corresponderia a um afeto de ódio, o ódio primário do objeto, deixando em seu lugar uma excitação não ligada, autodestrutiva. Esse estado de desintrincação pulsional constituiria o leito das somatizações. Envio-os aqui aos desenvolvimentos recentes de Claude Smadja concernentes à negativação dos afetos na sua relação aos processos de somatização.

Resumindo, poderia dizer então que a angústia diante do estranho responderia a um *imperativo de desfusão* e visaria um movimento evolutivo de separação sujeito-objeto e, ao mesmo tempo, de ligação da destrutividade que emerge da sua perda, e que passa pela integração do outro, ou seja, o *objeto do objeto*. No caso da organização alérgica, o *imperativo seria o de conservar a fusão* e, nas situações de impasse, no mais das vezes configuradas por uma situação de triangulação, nas quais a separação (a exigência de desfusão) se tornaria inelutável (pois o conflito seria incontornável), buscar soluções para reduzir, e até mesmo extinguir, os efeitos da destrutividade interna, por meio de meios regressivos.

O *modo primitivo de satisfação alucinatória* "fazendo crer" que a perda não aconteceu e não acontecerá representaria uma modalidade defensiva eficaz, porém, em certas circunstancias, não suficiente. Na ausência de uma solução alucinatória mais evoluída, da ordem da mentalização, mobilizando afetos e representações aptos a tratar a situação de conflito por meio de uma solução de compromisso psíquica, *a solução somática*, sob forma de crise ou de disfunções humorais crônicas, asseguraria a continuidade da organização psicossomática do indivíduo.

Acerca do modo primitivo de satisfação proposto por Fain aqui descrito, a "identificação por mimetismo" proposta por Gérard Szwec em seus trabalhos aprofundados sobre a alergia (Szwec, 1993) constitui uma figura de proa. De acordo com Szwec, o mecanismo de imitação, como um modo primitivo ancorado em comportamentos inatos, permitiria "manter a ilusão de que a díade primeira mãe-criança prosseguirá contra ventos e marés" (p. 132). Ele vê aí uma manifestação do pensamento anímico, que se manteria intacto devido ao fracasso do recalcamento originário, assim como o fracasso das identificações histéricas primárias, de um nível evolutivo superior, que ele vai diferenciar das identificações miméticas.

Para encarnar essas questões teóricas, aqui seguirão duas ilustrações clínicas. No primeiro caso, uma modalidade de fixação ligada à experiência de *excesso de satisfação* da criança durante as interações precoces será descrita, e, no segundo caso, tratar-se-á de uma experiência de *excesso de frustração*. Saliento a ideia de que tanto em um caso como no outro, assim como nas vinhetas precedentes, um claro conflito ambivalencial relativo ao desejo de engravidar se encontrava presente, ainda que de diferentes formas, nas mães dos pacientes aqui citados. Isso me levou a refletir sobre a especulação de Pierre Marty acerca do "conflito pré-natal" entre a "mãe e o feto" na alergia essencial, que ele situa no nível humoral. Pode-se levantar a hipótese de que, ainda que no plano estritamente psíquico, um conflito relativo ao processo de gestação tenha existido em mães de crianças que se organizaram por meio do modo alérgico essencial.

Ilustrações clínicas

Laís era uma menina cheia de charme, com 5 anos de idade quando a recebi no Instituto de Psicossomática (Ipso). Estabeleceu um contato imediato comigo e seus comportamentos do tipo alérgico eram flagrantes – por exemplo: movimentar-se no perímetro extremamente próximo de mim, querer escrever com minha caneta sobre minha escrivaninha, colocar meus óculos, pegar meu telefone e sentar na minha poltrona. No seu pescoço e em boa parte de seu corpo, percebiam-se manchas de um eczema atópico severo iniciado quando tinha 15 meses e as sequelas de infecções cutâneas. Os problemas de sono apareceram quando tinha 6 meses. O momento do desmame foi muito difícil para a díade; Laís só queria o seio. As alergias alimentares rapidamente se manifestaram. Laís era a caçula de uma prole de três crianças com idades próximas e, em um tom de confissão, a mãe conta (durante as consultas que precederam a psicoterapia individual da criança) que sua gestação ocorreu em um momento pouco propício, pois havia tido êxito em um concurso muito esperado, e não ter podido assumir o cargo e prosseguir seus investimentos profissionais a havia contrariado muito. Durante a gravidez, que, após uma fase de vigorosa rejeição, ela finalmente, por razões religiosas, aceitou, seu sogro, um homem violento e autoritário, acometido de uma grave doença, foi morar na casa deles, e um verdadeiro clima de guerra se instalou entre o marido e seu pai. Laís nasceu nesse contexto. A mãe, privada de seus investimentos profissionais e posta de lado pelo seu marido e amante, capturado, por sua vez, pela sua própria problemática familiar, encontrou no seu bebê uma compensação pelas suas satisfações libidinais frustradas e uma possibilidade de contrainvestimento de suas angústias. Laís foi assim abrigada no seio materno, dormindo colada a ela durante muitos meses. A morte do avô, quando Laís tinha 15 meses, permitiu que o pai retomasse seu lugar junto aos filhos e à mulher. Foi então que, no cerne de uma triangulação impossível de suportar, o eczema de Laís se manifestou e um ciclo infernal se instalou, marcado por insônia noturna, acompanhada de pruridos violentos a ponto de sangrar e a demanda constante de dormir na cama dos pais.

Laís foi uma dessas crianças que não aprenderam a dormir só, frequentemente encontradas na clínica da criança alérgica. A dependência do "corpo a corpo", da "pele contra pele" para adormecer, foi seu caso. A quietude do narcisismo primário inatingível por seus próprios meios e a esperança de atingi-lo pelo contato físico com sua mãe se impunham noite após noite. O *imperativo de desinvestimento materno* proposto por Fain, alimentando o aqui chamado *imperativo de desfusão*, não tendo sido instalado na díade, o *imperativo de conservação da fusão* decretou sua lei em Laís. A esperança de recriar incessantemente a unidade materna primária tornou-se o motor do seu funcionamento e seu modo prevalente de relação objetal.

O processo analítico centrado nos seus passeios noturnos pela casa, assim como em suas crises de coceira e seus pesadelos quando os pais se decidiram (e suportaram a ideia) de fechar a porta do quarto do casal durante a noite, permitiu pouco a pouco a emergência de um rico material fantasmático em Laís. Sedução, cena primitiva, castração: as ligações entre representações e afetos se construíram pouco a pouco, em torno das fantasias originárias, permitindo o desenvolvimento de mecanismos de defesa psíquicos de melhor calibre. Uma nova capacidade em suportar os limites impostos, a regulação e o fracionamento da violência pulsional e o reforço da coexcitação pulsional (embrião de um masoquismo erógeno nascente) abriram novas perspectivas no modo de funcionamento psíquico de Laís.

O trabalho elaborativo a partir de um pesadelo foi emblemático no processo analítico da pequena paciente. "Papai mata todo mundo, menos eu!": mata seu irmão, sua irmã, sua mãe, todos menos ela. Seu desejo de ser a preferida do papai emergiu, mas também o seu medo quando este ficava furioso. Evoco o tempo em que era bebê, as brigas entre seu pai e seu avô e o quanto ela e sua mãe devem ter tido medo, reconstruindo assim um momento traumático familiar. A imagem do sonho sendo muito potente, pondo em jogo Eros e a destrutividade, um progressivo trabalho de reintrincação pulsional, em vários níveis e vários tempos de vida, foi se instalando. No plano somático, as melhoras foram notáveis, com a reintegração de novos alimentos na sua dieta, a redução das coceiras e das manifestações do seu eczema. Uma autonomia adquirida em relação ao sono mostrava seu consentimento ao imperativo de desfusão do objeto, de sua interiorização e da consolidação de seu narcisismo. Laís pôde enfim se abandonar nos braços de Morfeu e sonhar.

Prosseguimos com o caso de Leo, cujo corpo foi coberto de eczema desde a maternidade, e a asma fez parte de sua vida "desde sempre". De sua mãe, ele dizia ser "um gelo", e, quanto ao seu pai, "um grande cerebral". "Pensaram que eu tinha nascido morto", foi o que sempre ouviu dizer na família. Sua avó materna teria sido "mais louca ainda que sua mãe", e ele supõe que elas não queriam que ele vivesse. Sua infância foi muito solitária, suas angústias de abandono muito pungentes, mas não foi isso que fez Leo consultar. Foi antes de tudo uma certa forma de afânise que o preocupava, a ausência de desejo sexual perturbava sua vida de jovem adulto. Saía de uma relação com uma moça que durou alguns anos, porém seu único desejo *vis-à-vis* era poder se colar ao seu corpo, se aconchegar em seu peito e adormecer. Essa busca de fusão em Leo era expressa também pelo seu desejo "de entrar na cabeça das pessoas", "saber como o outro funciona", e sobretudo adivinhar o que se esperava dele, exercício que praticou toda sua vida com seus pais. Apaixonado por romances biográficos, amava "sentir o que sentem as pessoas". É tentador dizer que, em Leo, o desejo mais constante era o de "se colocar na pele dos outros".

O trabalho sobre sua sexualidade não tardou a fazer emergir a violência pulsional contra a qual lutava. A elaboração das fantasias de cena primitiva foi central, estando esta impregnada de sadomasoquismo. Criança, os sons captados atrás da porta do quarto de seus pais o fizeram imaginar e temer os piores horrores. O reverso da medalha de sua passividade sexual era seu medo de penetrações brutais, explosões do corpo do outro e de seu próprio. "É muito forte, são sensações muito intensas, eu tenho medo de explodir, na verdade essas sensações me invadem tanto quanto a coceira do eczema", me explicava, tentando controlar sua força pulsional mal integrada; coceiras e socos tendo de ser reprimidos com muito esforço.

Não posso me estender muito sobre o caso de Leo para contar tudo o que aprendi com ele a respeito dos obstáculos do trabalho de sexualisação-dessexualização-ressexualização e sobre os processos de transformação da excitação sexual, na intersecção de seus diversos destinos, desqualificantes e requalificantes, à luz de seus sofrimentos somáticos, à flor da pele e do sopro vital.

O que houve de mais singular nesse paciente foi sua intuição de que seria na regressão nos braços de uma mulher desejada e mais intensamente ainda na experiência, até então desconhecida, do orgasmo a dois que ele encontraria a quietude e sua cura. Seu processo analítico, apoiado nas relações transfero-contratransferenciais, permitiu a revelação de duas polaridades: de um lado, sua necessidade de quietude por meio de uma regressão ao narcisismo primário, regido pelo que chamei acima de *imperativo de conservação da fusão*, próprio à sua organização alérgica e presente nas suas relações amorosas anteriores; e, de outro lado, seu desejo de fusão por meio do orgasmo, com a moça que encontrou durante seu trabalho analítico. O que esse processo lhe permitiu compreender foi que seu desejo de fusão pelo orgasmo seria tributário, em um primeiro momento, da *integração do imperativo de desfusão*, que evoluiria num segundo momento para *uma relação libidinal diferenciada entre o eu e o objeto*, com tudo que isso implica em matéria de risco de separação, perda, frustração, conflito e solução de compromisso no nível, propriamente dito, pulsional.

Poderíamos identificar então no espírito de Leo a presença de uma fantasia romântica evocada por Fain e Braunschweig em *Eros e Anteros*, que se traduz pela expressão "e *eles tornaram-se um*" (Braunschweig & Fain, 1971). Esses autores avançam uma ideia de que o orgasmo faria cessar o antagonismo existente entre a aspiração à fusão entre parceiros, durante à noite, e a aspiração à autonomia e à liberdade individual necessária à emergência do desejo, durante o dia.

Retorno então para Ferenczi em Thalassa, para quem o desejo de regressão mergulha suas raízes em dois níveis evolutivos: o mais precoce, pré-genital, do maternal primário e do narcisismo do sono; e o mais tardio, da relação objetal genital e do ato sexual.

O estudo da organização alérgica traz à luz uma tendência à regressão aos tempos primordiais, que poderíamos considerar própria ao humano. No entanto, devido ao problema da fixação, como no caso da alergia essencial, esse movimento potencialmente flexível e indispensável das regressões vem a se inscrever na ordem da repetição e do movimento contraevolutivo, abrindo uma brecha à somatização.

7. "Eu vou morrer curada": discussão sobre o "trabalho de somatização"[7]

A morte pulsa no coração da vida.

Mas que vertigem, poder conceber a simultaneidade dessas forças contrárias que em princípio deveriam se anular! A poesia, a arte ou a filosofia se consagram regularmente às nuances desse claro/obscuro, mas é a psicopatologia que nos interpela aqui, e foi ela que levou Freud a introduzir nos anos 1920 o dualismo pulsional, *Eros e Tânatos*, presentes na psique num constante movimento de união e desunião (que chamamos também de intrincação e desintrincação pulsional).

Em 1932, Freud ressalta que a teoria das pulsões é, por assim dizer, "nossa mitologia". As pulsões seriam "seres míticos, grandiosos na sua indeterminação". Mas, enquanto a pulsão de vida e sua energia, a libido, parecem gozar de um reconhecimento coletivo, a

---

7 Conferência proferida no XXVII Congresso Brasileiro de Psicanálise ("Morte e vida: novas configurações", em 3 de novembro de 2017, em Fortaleza (CE). Artigo publicado na *Revista Psicanálise* da Sociedade Brasileira de Psicanálise de Porto Alegre (SPBdePA), *20*(1), 47-58, 2018.

pulsão de morte e seu representante, a autodestruição, são muitas vezes considerados na comunidade psicanalítica como da ordem da crença: há os que creem e os céticos.

Alguns anos atrás, no Colóquio da Associação Internacional de Psicossomática Pierre Marty (sobre o tema "Doença e Autodestruição", ocorrido em Paris, em 3 fevereiro de 2007), que reúne os diversos grupos internacionais formadores do pensamento clínico da Escola de Paris, foi convidada para o debate uma grande figura da comunidade cientifica, o pesquisador biologista Jean-Claude Ameisen, autor do livro *A escultura do vivo: sobre o suicídio celular ou a morte criadora* (Ameisen, 1999). Ameisen, nessa conferência, evoca sua paixão pelo artigo de Freud (1920/2002) *Além do princípio de prazer* e cita a passagem em que ele diz o quanto espera que a biologia traga respostas às questões que ele formula. Devemos tomar aqui todas as precauções epistemológicas, pois se trata de domínios heterogêneos (o aparelho psíquico e a imunologia), mas, nos posicionando pelo menos no nível metafórico, é interessante ouvir a ciência contemporânea afirmar que nossas células possuem, a qualquer momento, por meio do mecanismo chamado de *apoptose*, a capacidade de desencadear sua autodestruição, sua morte prematura, antes que algo, vindo do exterior, as destrua. Nos tecidos de um ser humano saudável, a cada hora, bilhões de células ativam um programa de morte intracelular, por mecanismos celulares desconhecidos, para garantir a continuidade da vida.

Para André Green, que participou desse mesmo colóquio, somente uma pulsão de destruição pode permitir a compreensão de certas configurações clínicas encontradas na prática contemporânea da psicanálise, entre as quais a clínica psicossomática (Green & Coblence, 2006).

Numa passagem de *O ego e o id*, Freud (1923/1991) afirma que "em cada pedaço da substância viva estariam ativas as duas espécies de pulsões [de vida e de morte], em uma mistura em proporções desiguais" (p. 284). Partindo dessa ideia freudiana, Claude Smadja, autor representativo da tendência contemporânea da Escola de Paris, afirma que os fenômenos psicossomáticos devem ser concebidos em referência aos movimentos bipulsionais eróticos e/ou destrutivos em jogo, e, nessa lógica, as funções fisiológicas estariam alinhadas ao funcionamento das pulsões (Smadja, 2001b).

Pierre Marty (1976, 1980), nosso pioneiro, preferia falar de "*movimentos de vida e de morte*", ou ainda de "*movimentos evolutivos e contraevolutivos*", vida e evolução estando para ele associadas a um terceiro termo: o de "organização".

A organização psicossomática, na perspectiva de Marty, vem a representar assim um movimento evolutivo vital, cuja finalidade é a construção progressiva dos sistemas funcionais e de regulação somáticos, assim como das diferentes formações psíquicas, que têm na estrutura edipiana a sua mais alta aquisição. Se, por um lado, Marty concebeu a organização psicossomática por meio de noções como programação e hierarquização, baseado no modelo psiquiátrico jacksoniano, por outro lado, Michel Fain (1971, 1981, 1991) a concebeu a partir da metapsicologia freudiana, propondo a noção de *imperativo de complexificação pulsional*, que vê igualmente no édipo e na castração a sua forma mais acabada, sendo a triangulação aqui concebida em nível precocíssimo, interferindo na própria construção do aparelho psíquico. O objeto (triangulado) é aqui considerado responsável pela montagem da pulsão. Ao mesmo tempo que a infiltração libidinal do objeto liga a excitação somática e revela a pulsão ao seio do aparelho psíquico em construção, o objeto lhe é simultaneamente revelado, no movimento descrito por Green como de objetalização. A intrincação do Eros do objeto às forças de destruição do ser em construção garante a conservação de sua vida e participa da complexificação de sua organização. Nesse sentido, a noção martyniana de organização é equivalente à noção greeniana de objetalização. Adicionemos aqui ainda mais um termo fundamental: essa intrincação de base da pulsão de morte instala o *masoquismo erógeno primário*, considerado, segundo Benno Rosenberg (1999), o guardião da vida.

No seu sentido contrário, a desorganização psicossomática, de natureza contraevolutiva, revela um movimento mortífero e está sob o jugo dos instintos e pulsões de destruição (termos utilizados sempre juntos em Marty). Na concepção de Fain e dos psicossomaticistas contemporâneos, a desorganização psicossomática é a marca de uma fraca intrincação ou de uma desintrincação pulsional, implicando uma perda libidinal e a liberação da destrutividade, que tem como consequência uma abrasão progressiva (um empobrecimento) das funções psíquicas, que se prolonga pela desregulação das funções somáticas.

O paradigma nesses quadros clínicos é o *traumatismo* e a experiência de perda objetal, real ou imaginária, não somente do objeto materno ou seu substituto, mas de todo e qualquer investimento que tenha valor de objeto para o psiquismo. O traumatismo se declina nas suas mais variadas intensidades e qualidades, dos mais precoces aos ocorridos tardiamente, e tem um impacto desobjetalizante. A qualidade da construção e da permanência do objeto psíquico interno é aqui decisiva.

O índice que marca a diferença entre indivíduos varia em função da capacidade de elaboração psíquica dada a tais experiências, e a maneira como estas vão impactar a conservação do equilíbrio da economia psicossomática ou o desencadeamento de uma desorganização, que pode ser das mais passageiras e benignas às progressivas e letais.

***

Um caso clínico poderá dar corpo a essas formulações teóricas.

A história de Francine muito me marcou e lhe devo uma das minhas mais completas lições de psicossomática. Ela chegou ao Ipso depois de uma mastectomia, seguida de químio e radioterapia, enviada pela psicanalista com quem havia feito uma longa análise. O câncer de seio se declarara em torno de uns sete anos após o fim dessa análise que ocorria duas vezes por semana, no divã. Nesse entretempo seus pais haviam falecido, com um ano de intervalo entre um e outro, e seu marido fechara um negócio que havia montado, no qual ela havia participado ativamente.

Francine estava extremamente apreensiva com a ideia de uma recidiva. Temia por si e pela sua filha, adotada com 4 anos de idade, e que agora entrava na adolescência, e a relação entre elas, até então considerada "fusional", estava em crise. Seu marido, pai adotivo da menina, do tipo passivo e depressivo, não dava conta dos limites que a menina pedia, mediante comportamentos de risco.

Francine se sentia apática, num estado de fadiga crônica e falta de tônus. Era com esforço que mantinha o ritmo que sempre foi o seu, de "soldadinho" pronto a executar as múltiplas tarefas da vida, sem queixa nem questionamento. Havia retomado por meio período sua atividade de assistente social, assegurava o básico, mas sentia de forma difusa que estava esgotando seu capital vital, e pedia ajuda. "Eu dou muito aos outros, mas tenho dificuldades em receber", era um dos seus *leitmotifs*.

Esta paciente descrevia assim um quadro muito conhecido dos psicossomaticistas: a depressão essencial, e seu acompanhante habitual, a vida operatória. Ela não se sentia deprimida no sentido habitual, neurótico-normal do termo, mas ausente de tudo, como fora de si mesma. Essa clínica do vazio, do silêncio e da acalmia seria uma manifestação da desorganização das formações psíquicas e a expressão de uma desintrincação pulsional equivalente a uma forma de *cultura de pulsão de morte*. A insuficiência de libido narcísica e objetal para lidar com a série de lutos acumulados antes da doença, e os relativos à própria doença, exigia uma violenta repressão dos afetos e uma anestesia das ligações entre representações, enfraquecendo os processos elaborativos psíquicos. A vida operatória garantia pela repetição e pelos automatismos ligados às atividades cotidianas um tratamento antitraumático, não deixando brechas para a emergência do material bruto das experiências até então não metabolizadas e mantidas, digamos, em suspensão.

A recusa de sua antiga analista em atendê-la havia representado uma nova ferida narcísica que trouxemos logo à tona, a fim de preparar o terreno para o novo investimento transferencial que o trabalho comigo exigia.

Um sonho de Francine permitiu nos primeiros tempos da psicoterapia analítica um começo de reanimação do seu funcionamento mental, mobilizando elementos do seu contexto infantil precoce, no qual o peso traumático se fazia sentir. Tratava-se de um sonho no qual ela se encontrava em estado fetal, presa no interior da boca de um animal pré-histórico. Dizia Francine que ela "não havia sido construída". Segunda de quatro irmãs, ela teria tido uma irmã mais velha morta com 3, 4 anos de idade, e um irmão que nasceu antes dela e tampouco viveu por muito tempo. O estado depressivo de sua mãe, maciço e perene, marcou toda sua vida. "Criança-terapeuta" e substituta de sua mãe nas tarefas cotidianas, Francine foi impelida a desenvolver uma prematuridade do ego e a constituir um ego-ideal como medidas de sobrevivência, num contexto no qual seu desemparo não encontrava resposta. Ela teve de "se virar".

A noção de *ego-ideal* no nosso corpo teórico envia a uma modalidade de organização precoce na qual o sentimento de onipotência narcísico é erigido em ideal, encarnando a "falta de limite", que incita ao desenvolvimento de um padrão de autoexigência infinita e inesgotável, que continuará ativo vida afora. Isso se acompanha de um risco de desmoronamento constante diante das feridas que esse narcisismo frágil receia, e contra o que medidas defensivas drásticas devem ser edificadas, como a repressão dos afetos e o "curto-circuito" das ligações entre a representações mentais, típico do pensamento operatório. Essa formação narcísica clivada da corrente pulsional sensual aponta para falhas prováveis da *censura da amante*, ou seja, da inscrição do sujeito na ordem edipiana. Voltaremos a esse ponto.

O ego-ideal, do ponto de vista da segunda tópica, traduziria falhas na diferenciação entre o ego e o superego pós-edipiano e funcionaria, de fato, como um substituto do superego. A ausência de um superego bem constituído implica um risco de eclosão da destrutividade, pois essa instância funciona como o principal depositário da pulsão de morte, por meio da ligação em seu seio da violência objetal. Defesas contra esses riscos destrutivos se traduziriam, em termos de primeira tópica, em uma polarização do funcionamento do sujeito no eixo percepção-consciência, em detrimento das trocas entre inconsciente e pré-consciente.

Um segundo sonho deu início a uma nova etapa do processo analítico dessa paciente: ela se encontrava sentada num bidê, no qual tentava lavar-se do sangue menstrual, e, em vez de água, o bidê estava cheio de areia. Ela se ouvia dizer a seguinte frase: "Se ao menos ele tivesse colocado dois dedos por dentro da minha calcinha". Nesse sonho, eu me encontrava não muito longe da cena descrita.

A questão de suas dificuldades com a sexualidade e a maternidade se abriu a partir desse sonho, por meio de vários relatos entrelaçados. Francine viveu num mundo de mulheres. Além de suas irmãs, a presença de cinco tias paternas foi marcante na sua vida. Seu pai era o caçula e o único homem, e as cinco mulheres moraram numa casa no alto de uma colina, "formando um corpo só", disse-me um dia, "um corpo multitentacular", e nenhuma delas se casou. O pai de minha paciente era o objeto de adoração das irmãs, e sua mãe foi evidentemente desqualificada e rejeitada por elas, por pertencer a uma classe social inferior e por inúmeras outras razões que elas puderam achar.

A representação estruturante da já citada "censura da amante", ou seja, da mãe como amante do pai, ou de outro objeto de seu desejo, foi sem dúvida inoperante nesse contexto, dificultando as identificações bissexuais, a integração dos autoerotismos e a criação de um capital de representações inconscientes recalcadas, aptas a transformar e a ligar as excitações sexuais e a construir uma psicossexualidade, no sentido pleno do termo, da qual pudesse gozar. O trabalho de ligação pulsional ao longo da infância se fez de maneira prevalente por meio do ativismo sensório-motor que sempre a caracterizou. A atividade de bandeirante alimentou não somente seu ego-ideal, mas sua patente homossexualidade; e Francine abordou a adolescência sem muitas paixões. Ao casamento com "o primeiro homem que se interessou por ela" seguiu-se a experiência das fecundações *in vitro* fracassadas. A adoção foi decidida durante uma psicanálise muito investida, e a sequência dos fatos já foi relatada.

Alguns recursos estiveram em obra ao longo da vida, permitindo a Francine manter seu equilíbrio até o desencadeamento da desorganização psicossomática que resultou no câncer do seio. Da ordem (do que chamamos) de regressão somática (sobre a qual não podemos nos estender), por meio de frequentes crises de enxaqueca que a autorizavam a se isolar, "repousar", e sobretudo interromper a pressão interna de conflitos emergentes; e da ordem da depressão, por meio do que ela chamava de "depressão sazonal", determinada pela chegada do outono, e não por questões intrapsíquicas, que ela tratava por sessões de fototerapia, seus "banhos de luz", ou de viagens a sua região natal no sul do país.

A nova experiência analítica comigo no Instituto de Psicossomática (Ipso) desencadeou em Francine uma intensa busca do sentido do seu câncer de mama, e as sessões se tornaram momentos extremamente investidos. Ela dizia estar decidida a tocar na "verdade" das coisas. Expressava sua necessidade de entender o que chamamos de *doença antes da doença* (*la maladie avant la maladie*) ou seja, sua "doença psíquica" antes da declaração da sua "doença física". A relação transferencial, com seu efeito libidinalizante, representava uma ocasião de reobjectalização, no deserto desobjectalizante dos lutos irresolutos. Procurei medir a distância entre nós, dada a força da transferência que se anunciava, e assegurar por momentos o papel de filtro e de paraexcitação, percorrendo o espectro que costumamos dizer que vai "da função materna à psicanalise".

A chamada *solução somática* teria substituído em Francine as "soluções psíquicas" próprias ao trabalho de luto (ou de melancolia) ineficazes no seu caso, e ela pedia que atacássemos juntas o "trabalho de somatização", segundo a expressão introduzida recentemente por Smadja (2013).

O enquadre analítico, sustentado pelos movimentos transfero-contratransferenciais intensos nesses quadros clínicos, favorece uma reintrincação pulsional e uma abertura à "significatividade" do adoecer. O *trabalho de somatização*, que abarca a elaboração de todo o processo de desorganização, instala uma nova temporalidade, um tempo antes e um depois (o *après-coup*), no qual podem ser ligados elementos até então ausentes das cadeias de afeto-representação, fazendo com que, a partir do regime econômico antitraumático caracterizado pela repressão dos afetos, pelo gel associativo e por elementos clivados, novas sequências psicodinâmicas possam se construir.

É muito frequente nessa clínica da desorganização ouvirmos o paciente dizer, como foi o caso de Francine: "meu câncer foi o 'preço a pagar' para eu poder continuar a viver". Podemos avaliar aqui o peso do sentimento inconsciente de culpabilidade que subjaz em todo esse processo, fazendo que a doença adquira um valor de punição. Notando que estamos aqui no terreno do narcisismo e do ego ideal, no qual, diferentemente do da culpabilidade edipiana, o que está em jogo é o direito de existir e de sobreviver aos seus mortos e desfrutar do prazer de viver. O paradigma, lembremos sempre, é o traumatismo e o luto, e não o conflito libidinal e a castração.

Muitos pacientes se sentem confusamente aliviados com a eclosão de uma doença, como se enfim pudessem interromper um processo mortífero silencioso, enraizado em núcleos profundos, com os quais não podiam lidar. O acesso a um movimento regressivo, com os benefícios próprios a uma posição passivo-receptiva, torna-se enfim possível. É desconcertante pensar que o contato com a realidade da morte física permite muitas vezes que o paciente comece psiquicamente a viver. Smadja (2001b) propôs a expressão *paradoxo psicossomático*, para descrever essa situação.

Tais premissas já haviam sido avançadas por Marty, ao observar que os sintomas da depressão essencial, e da "clínica do vazio" em termos gerais, tendiam a desaparecer quando um transtorno somático se instala e uma reorganização pode assim iniciar, na qual a relação do paciente com um analista e com o que chamamos de "função materna coletiva", constituída pela família, serviços hospitalares e outros, tem um papel central.

Foram apontadas em Freud passagens que corroboram essas observações. Em *Além do princípio do prazer*, ele evoca o desaparecimento do ruído da neurose traumática quando uma lesão física ocorre, ou, no "Problema econômico do masoquismo", nota também que sintomas neuróticos graves desaparecem quando um transtorno somático aparece. Neste último exemplo, Freud avança que se trataria de uma nova intrincação masoquista, operando, nesse caso, no terreno somático. A partir daí, Smadja (2001b) propôs a ideia de uma modalidade de expressão do masoquismo, presente no processo de desorganização e em ruptura com os processos psíquicos, que se manifestaria no registro somático, que foi chamada de *patomasoquismo*. Uma reerogeinização do corpo doente (ou de um órgão) seria possível, a partir dos novos investimentos presentes.

Voltando ao material clínico:

"Se ao menos ele tivesse colocado dois dedos dentro da minha calcinha", ecoou no universo onírico de Francine. Esse sonho ocorreu durante a elaboração de uma experiência inédita de emergência do desejo sexual no contato com um massagista durante um tratamento termal. As lacunas na constituição do seu corpo erógeno vieram à tona, abrindo a brecha a um trabalho (ou pelo menos à delimitação de uma zona de trabalho) em torno da castração, da discriminação de zonas, de orifícios, de sensações. A diferenciação do corpo depressivo materno, por um lado, e da massa indiferenciada das tias, por outro, verdadeiro buraco negro cloacal onde fezes e urinas se misturavam, apontou no horizonte. Entre sangue e areia, vitalidade e esterilidade, o conflito pulsional buscava ser formulado. Um trabalho de figurabilidade tentava ligar a destrutividade solta do seu narcisismo negativo a novos investimentos libidinais.

Sua fantasia de ter podido "usar dos serviços sexuais" do massagista alimentou uma nova corrente sensual. Como fazem as outras mulheres? Como faço eu, a analista, presente em pano de fundo no sonho.

"Você gostaria de ser tocada como mulher, não apenas como bebê", pude dizer-lhe.

As falhas na homossexualidade primária de Francine faziam, porém, que o registro do duplo especular estivesse mais acessível do que a introjeção dos elementos eróticos veiculados por uma relação transferencial triangular, do tipo censura da amante. Resgatar a figura paterna engolida pelos tentáculos femininos parecia ainda longínquo, mas a requalificação da libido narcísica representava um ganho significativo no funcionamento da paciente. A transferência por momentos se tingia de um movimento passional, e procurei, o quanto podia, formular a questão de um ideal analítico, deslocamento de sua relação a uma mãe que esperava que ela crescesse e se autonomizasse a todo custo. Francine começou a frequentar uma associação chamada Psiquismo e Câncer, constituída de doentes, ex-doentes e terapeutas, posicionando-se, é claro, como terapeuta, identificando-se a minha posição.

Assim, novos investimentos se instalaram. A morte da última tia e a venda da casa da colina foram tratadas por meio de um trabalho artístico a partir de álbuns fotográficos e objetos da história da família. A vida ia para fora de casa, mas dentro as relações com o marido eram cada vez mais frias e com a filha uma distância se instalava, o que era vivido por Francine como uma situação de impasse. Ela formulou o conflito nascente entre seu desejo de viver e seu sentimento de traição. Não somente de trair seu marido e sua filha, mas sobretudo trair o *mandato familiar*, transgeracional, pois nessa família "ninguém tem direito de ser feliz".

O controle positivo dos seus indicadores cancerígenos e a notícia de um tumor no fígado vieram significar para Francine que "perderia tudo por querer desviar o destino e romper o pacto familiar" (em francês, "*je savais que j'y laisserai ma peau*"). A genética, os tratamentos hormonais, o estresse, Tchernobyl, ela alinhava todos os fatores possivelmente presentes no seu câncer, mas, no encadeamento de sentido que estabeleceu, ela não podia sobreviver aos seus mortos.

Afirmou que, já que ia morrer, só lhe restava viver... Sua apetência pela vida redobrou: "melhor que pequenas flamas, grandes flamas", disse-me. O que na época chamei de uma "inflamação de vida" ("*flambée de vie*") em Francine.

***

Um ano se passou, durante o qual ela se deu uma série de prazeres. Mudaram para próximo do centro de Paris, se ofereceu uma excelente poltrona de leitura, comprou roupas e fez viagens com que sempre sonhou. Foi a Veneza e tomou um chocolate quente no salão de chá citado por Proust. Com a doença já bem avançada, chegou à sessão com um chapéu elegante e me disse: "*Madame la cancéreuse se ballade dans les rues de Vienne*", ou seja, "A senhora cancerosa passeia nas ruas de Viena". A profunda ironia dessa paciente continha, ao meu ver, um ataque violentíssimo à sua psicanalista, que, totalmente impotente, acompanhava seu fim de vida.

"*Eu vou morrer curada*", declarou Francine, que veio às sessões até seus últimos dias, transportada pelos serviços hospitalares.

Seguem algumas de suas palavras: "Estou me preparando para deixar este mundo", "preparando os meus próximos, falando coisas essenciais, da ordem do amor, da afeição que pude, mas também que não pude, dar"; "Nesta vida, não é a duração, mas a intensidade e o sentido que contam".

O paradoxo psicossomático chegou aqui na sua mais pura expressão: enquanto um movimento de vida se operou no plano das funções psíquicas, o movimento de morte prosseguiu inexoravelmente, no plano das funções orgânicas.

Esse divórcio entre evolução psíquica e evolução somática durante tratamentos analíticos de pacientes graves foi diversas vezes relatado.

O sobreinvestimento erótico, verdadeiro "fogo do desejo" presente em certos pacientes, foi descrito por Michel de M'Uzan (1977) como *trabalho de passagem* (*travail de trépas*): como se o paciente tentasse assimilar nessa situação extrema tudo que não pôde na sua vida pulsional; sendo que, na sua descrição, alguém, o analista no caso, tem de suportar viver essa experiência de "última díade", aludindo aqui à relação materna.

Muitos psicanalistas evocam, em certos casos, um estado próximo ao da mania.

Para Smadja, esse movimento representaria um rompimento definitivo do masoquismo erógeno primário, fazendo com que uma desunião pulsional radical e irreversível se desencadeie. O elã erótico de De M'Uzan seria então um dos destinos possíveis, pois existem outros, de uma libido desintrincada, que, ao mesmo tempo que uma destrutividade desintrincada, prosseguem em seu destino próprio letal.

A teoria, nós sabemos, é nosso melhor ansiolítico. Mas uma parte importante dos fenômenos clínicos, sobretudo aqueles em que mais investimos, continuará sempre a nos escapar.

8. Sobressaltos: estados traumáticos e sonhos interrompidos[8]

"Tenho frequentemente o mesmo sonho: tem uma aranha no meu quarto. Eu sinto que ela está bem perto de mim. É físico. Ela fica me olhando... Isso me acorda bruscamente. Acendo a luz, procuro por todo lado: embaixo dos lençóis, debaixo da cama, nas paredes... Só depois de ter verificado tudo é que tento voltar a dormir..."

"Também me acontece de sonhar que a aranha está andando em mim, no meu braço ou na minha mão" – ela vai me mostrando os lugares do corpo durante o relato. "Isso me faz acordar. Eu a expulso" – ela faz o gesto. "Levanto-me, olho por todo lado..." – ela conta a sequência de verificação que invariavelmente se repete.

O que se pode dizer, de saída, sobre esses "sonhos com aranha" dos quais Lara me fala? Constata-se o flagrante fracasso da função

---

8 Conferência proferida no ciclo "Rêve et psychanalyse" [Sonho e psicanálise] do *Séminaire Jean Cornut*, organizado pela Sociedade Psicanalítica de Paris em 14 de janeiro de 2013. Artigo publicado na *Revue Française de Psychosomatique, 1*(57), 77-92, 2020, sob o título "Sursauts: états traumatiques et rêves interrompus".
Tradução de Paulo Sérgio de Souza Jr.

do sonho como guardião do sono: ele é, aqui, aquilo que o perturba. O desenvolvimento de angústia parece tal que já não é compatível nem com o trabalho onírico, nem com a continuação do estado de sono. Daí se deduz a súbita inversão de sentido do movimento energético regrediente necessário à continuação do sonho; este retoma disparado a via progrediente e retrocede da extremidade sensitiva à extremidade motora do aparelho psíquico – nos termos de Freud (1900/1972a), no capítulo VII de *A interpretação dos sonhos*. O despertar se faz em sobressalto e a paciente se levanta imediatamente.

Assiste-se aí a uma espécie de colapso tópico, no sentido de Claude Janin (1996): a experiência do pavor faz os limites do dentro e do fora irem pelos ares. As percepções endógenas e exógenas se confundem. A consciência se apodera da produção onírica inconsciente e a trata como um acontecimento perceptivo externo, atropelando o pré-consciente. O inestimável "teste de realidade", que permite que se diga que "isso não passa de um sonho", já não é acessível: Lara não quer saber de nada; verdadeira ou não, a ameaça é sentida como real – ela procura a aranha em seu quarto.

Indaga-se, por fim, o sentido *princeps* atribuído ao sonho por Freud em 1900: o de uma realização de desejo. Acaso esses "sonhos com aranha", repetitivos, sem história – essas horrendas formações alucinatórias noturnas, se assim podemos chamar –, podem ser tratados como pertencentes à "psicologia das neuroses", como propõe Freud para os sonhos de angústia? Isso supõe que a natureza da angústia que os interrompe seja oriunda das fontes sexuais conflituosas entre o eu e o supereu e que, na sessão, nas associações trazidas pela paciente a partir do relato do sonho, o material concernente à sua neurose infantil emerja mais ou menos espontaneamente e nos remeta aos recalcamentos infantis.

Ora, não é bem assim que as coisas acontecem. Voltaremos a Lara mais adiante, com elementos sobre a sua história, sobre a natureza de seus sintomas e sobre o seu modo de funcionamento mental. Mas podemos dizer, desde já, que nos encontramos num caso específico em que o registro econômico se sobrepõe ao registro psicodinâmico. A lógica conflituosa prazer-desprazer parece inacessível aqui à primeira vista: trata-se de um tipo de clínica que se desenrola "além do princípio do prazer".

Trauma e fracasso do trabalho onírico

Na evolução do pensamento freudiano, um remanejamento decisivo na teoria do sonho veio justamente ao levar em conta os sonhos repetitivos. Duas ordens de fenômenos entraram em relação no limiar de uma nova etapa da pesquisa psicanalítica: os sonhos repetitivos e o trauma. A partir de 1914, Freud invoca a noção de "repetição" – no artigo "Recordar, repetir e elaborar" – a propósito da reatualização dos conflitos recalcados na relação com o analista e propõe a ideia da transferência como compulsão à repetição; mas é a partir de 1919, acerca das neuroses traumáticas, que a noção de "compulsão à repetição" abarca o sentido que aqui nos interessa mais. Já observados nas "neuroses de guerra", os sonhos repetitivos presentes na neurose traumática tornam-se o protótipo da tentativa de ligação por meio de um aparelho psíquico transbordado por um afluxo demasiado grande de excitação. Eles procuram ab-reagir de modo fracionado às tensões excessivas causadas pelo trauma. Freud isola aqui, por meio da observação das brincadeiras infantis (o célebre jogo do carretel), esse modo de trabalho próprio ao aparelho psíquico que visa controlar, de modo ativo e por meio da repetição, uma situação de desprazer sofrida passivamente (a partida da mãe, no caso).

A noção de "neurose traumática" emerge ao associar, em um mesmo conjunto, o caráter simultaneamente somático (o abalo do organismo que provoca um afluxo de excitação) e psíquico (o pavor) do trauma. É nesse pavor (o *Schreck*), descrito como "o estado em que ficamos ao correr um perigo sem estarmos para ele preparados" (Freud, 1920/2010a, p. 167), que Freud vê o fator determinante da neurose traumática. Ao afluxo de excitação que irrompe e ameaça a sua integridade pela efração causada pela sua paraexcitação, o sujeito não consegue responder nem com uma descarga adequada, nem com uma elaboração psíquica. Essa descrição, que também corresponde à da *Hilflosigkeit* (o estado de desamparo ou perigo do bebê deixado ao abandono e impotente diante das tensões da necessidade), vai se tornar o paradigma do estado traumático, ao qual voltaremos adiante.

É ao reagrupar certo número de fatos de repetição que Freud chega, em 1920, a sentir a urgência de uma proposição teórica nova. Ele compreende que se trataria da repetição de experiências manifestamente desprazerosas, marcadas pela compulsão própria a tudo o que emana do inconsciente. Todavia, era difícil evidenciar, no seio dessas experiências repetitivas, e mesmo na forma de compromisso, a realização de um desejo recalcado. Por fim, em *Além do princípio do prazer*, o artigo que vai marcar a virada, Freud confessa a sua perplexidade: a busca de prazer não seria suficiente para explicar o destino das pulsões. Logo, é possível que todo organismo seja animado por uma outra finalidade, oposta às pulsões de vida. A pulsão de morte é assim introduzida – a partir da constatação de uma busca, presente no ser vivo, de redução completa das tensões – visando reconduzi-lo ao estado inorgânico.

É com esses novos elementos que, em 1932, quando de sua "Revisão da teoria do sonho", nas *Novas conferências introdutórias à psicanálise*, Freud produz novas articulações entre o sonho e o trauma e altera a sua formulação inicial. Retomo o excerto:

> *Nós dizemos que o sonho é uma realização de desejo; se quiserem considerar essas últimas objeções, poderão dizer que o sonho é tentativa de realização de desejo. . . . Em determinadas circunstâncias, o sonho leva a cabo sua intenção de modo bastante imperfeito, ou tem de abandoná-la inteiramente. A fixação inconsciente num trauma talvez seja o maior desses impedimentos à função do sonho. Enquanto o sonhador é obrigado a sonhar, pois o afrouxamento noturno da repressão faz com que a pressão para cima da fixação traumática se torne ativa, fracassa a função do seu trabalho do sonho, que quer transformar os traços mnemônicos do evento traumático numa realização de desejo. Nessas circunstâncias ocorre de a pessoa ficar insone, renunciar ao sono por temer o malogro da função do sonho. (Freud, 1937/2010c, pp. 156-157)*

A vasta questão do trauma atravessa a obra de Freud desde o "Projeto", em 1895, até *Moisés e o monoteísmo*, em 1939. Se nos concentrarmos aqui nos desenvolvimentos que ocorreram a partir da segunda teoria das pulsões, não perderemos de vista que a dimensão traumática ligada à força premente das pulsões sexuais e seus conflitos está presente em Freud desde o início, ali permanecendo até o fim. Em 1926, em *Inibição, sintoma e angústia*, na nova teoria da angústia que ele propõe, Freud enfatiza o vínculo entre o trauma e a perda de objeto.

Parece que, apesar dos avanços dos anos 1920, e da equação formulada a partir do pavor, da angústia e do narcisismo, Freud continua fundamentalmente apegado à ideia da implicação da libido sexual na experiência traumática. Mesmo que ele considere o impacto do ambiente e as marcas do objeto na organização psíquica nascente como responsáveis pelas feridas de ordem narcísica e pelos acometimentos precoces do eu, é Sándor Ferenczi quem, entre os anos de 1930 e 1933, vai aprofundar a teoria do trauma nesse sentido. Remeto aqui ao Volume IV das *Obras completas* de Ferenczi e aos trabalhos dos autores contemporâneos nesse domínio que me inspiraram no presente trabalho, como Thierry Bokanowski e Jacques Press.

Objeto em demasia ("presente demais" ou "ausente demais"), para Ferenczi, deixa gravada com a sua marca quantitativa a constituição do objeto primário interno, bem como a disposição das pulsões primitivas do Eu e da autoconservação. Os desvios nas relações primárias podem estar na origem do que ele descreve pelas noções de "danificação narcísica", de "laceração do eu", produzindo uma "autoclivagem narcísica". Acusando Freud de ter abandonado a dimensão traumática real da sedução da criança pelo adulto para ficar apenas na dimensão traumática secundária da fantasia, Ferenczi reafirma a gravidade da ação excessiva e violenta de uma excitação sexual prematura que adquiriria o valor de uma violação do pensamento e do afeto na criança. Esse tipo de trauma, dito "narcísico", mutilaria o eu para sempre.

"Se é aparentemente sexual, ele se inscreve, de fato, numa experiência com o objeto", observa Bokanowski, "não em termos daquilo que adveio, mas em termos . . . daquilo que não pôde advir" (Bowkanowski, 2002, p. 755) — experiência negativante por excelência, portanto, no sentido de André Green.

É justamente isso que levaria o analista a dever proceder ulteriormente à inscrição de uma experiência que "não pôde advir" com o objeto primário, oferecendo ao seu paciente a oportunidade de uma "*nova resposta do objeto*" (Green, 2002b). Da pena de Ferenczi, então, vemos saírem preocupações que têm incidências técnicas muito presentes na clínica contemporânea, especialmente no campo psicossomático, do qual o trabalho com Lara é um exemplo flagrante.

Tentativas de resolução do traumático?

Concernindo ao tema que aqui nos ocupa, o sonho em sua relação com o trauma, Ferenczi também traz uma contribuição significativa. Em seu próprio "Da revisão de *A interpretação dos sonhos*", escrito em 1931 e publicado após sua morte em 1933, ele assume uma posição ainda mais radical que a de Freud – citada acima, publicada em 1932 –, e aventa uma definição que estima ser bem mais "completa" que a de 1900. Em vez de dizer que "o sonho é uma realização de desejo", propõe: "todo sonho, mesmo o mais desprazeroso, é uma *tentativa* de levar os acontecimentos traumáticos *a uma resolução e a um controle psíquico maiores*". Para ele, os "restos diurnos" que participam na formação dos sonhos, "os restos da vida", acrescenta, "são, de fato, sintomas de repetição de traumas" (Ferenczi, 1934/1992, pp. 111-112, tradução modificada).

Disso se segue uma ampliação da compreensão do fenômeno onírico por Ferenczi, que propõe que o estado de inconsciência do sono favorece uma dupla função do sonho: a "função de realização de desejo do sonho", que se efetua sob a dominação do princípio de prazer, e também uma "*função traumatolítica do sonho*". Esta se efetuaria "além do princípio de prazer", e se exerceria pelo retorno de impressões sensíveis traumáticas, não resolvidas, que aspiram à resolução.

A partir de sua clínica, Ferenczi chega a distinguir dois tipos de sonho: o sonho primário, repetição bruta do trauma, que assume frequentemente a forma de um sonho feito das sensações corporais frequentemente violentas e sem conteúdo psíquico; e o sonho secundário, sobrevindo com frequência na mesma noite, que tenta transformar o traço traumático em realização de desejo.

Aqui vai mais um relato de Lara: "Sinto que tem um peso em cima de mim. Eu sinto, vem do alto, no nível da cabeça. É uma pressão que afunda a minha cabeça no travesseiro, é horrível. Isso me esmaga, me asfixia; eu acordo suando...". E então ela acrescenta: esse pesadelo acontece frequentemente na mesma noite que o sonho com a aranha, e em geral o antecede.

É espantosa a dimensão quase demonstrativa que os sonhos de Lara têm em relação aos avanços teóricos ferenczianos anteriormente enunciados. Num primeiro momento, ela tem um pesadelo puramente sensorial, puro retorno do perceptivo traumático e sem conteúdo psíquico; e, num segundo momento, tem um segundo sonho, que se poderia dizer secundário, que busca transformar o traço... Voltaremos a essa sequência adiante.

E o que dizer da qualidade, para Lara, da *transformação dos traços*? Parece-me que os seus "sonhos com aranha" ainda permanecem muito aquém de um trabalho de figurabilidade eficaz (Freud, [1901]1905/1972c) e longe de ter um valor simbólico que remeta a uma rede de representantes pulsionais e à expressão conflituosa de um desejo inconsciente. O que se sobrepõe, aqui, é mais a emergência, de caráter repetitivo, de uma imagem que retorna incansavelmente, de forma quase idêntica, tendo como correlato a barragem da via regrediente e a inaptidão das formações alucinatórias para transformar a excitação de origem traumática. Notemos que o termo *alucinatório* é empregado aqui no sentido freudiano tardio. Em 1937, em *Construções na análise*, Freud salienta que "talvez seja uma característica geral da alucinação, até agora não devidamente apreciada, que nela retorne algo vivido na infância e depois esquecido; algo que a criança viu ou escutou num tempo em que mal podia falar" (Freud, 1937/2018a, p. 341). Para Lara, trata-se, ao que parece, de impressões dessa natureza – de um flagrante exemplo de *memória amnésica*, segundo os termos de Green (2000), da qual o sonho primário parece ser a expressão –, seguidas de um sonho de tipo secundário, no qual a imagem da aranha parece poder condensar, de forma muito compacta – evocando a "hipercondensação" descrita por Fain ("*la condensation à boulets rouges*") –, elementos pulsionais em busca de ligação, abrindo o caminho, como veremos em seguida, para um trabalho de rememoração e construção.

Essa concepção ampliada do alucinatório, a partir desse avanço realizado por Freud em 1900, foi desenvolvida por Sara e César Botella em seus trabalhos sobre a *Figurabilité psychique* [Figurabilidade psíquica], em 2007, e sobre a *função-memória* do sonho (2013). Cito: "Existe uma aptidão geral do psiquismo para a expressão alucinatória, aquela que se desfralda livremente na hora do sonho, à noite, e que é permanentemente refreada, de dia, pela necessidade do teste de realidade" (2013, p. 105). Mais adiante eles afirmam a ideia de "uma potencialidade alucinatória" como "capacidade regressiva do pensamento . . . mais ou menos explorada conforme o indivíduo, e facilitada por certas circunstâncias, especialmente as da sessão" (p. 105).

Ora, Lara parece lutar dia e noite, servindo-se de comportamentos antirregressivos por excelência, contra a emergência das escaladas de angústias difusas e invasivas, atreladas às suas figuras infantis ameaçadoras. Num estado de hipervigilância constante, ela reage ao menor barulho, controla o seu entorno com o olhar, está permanentemente em estado de alerta. Esse quadro testemunha dificuldades notáveis na capacidade de transformação, pelo seu aparelho psíquico, das excitações invasivas – de origem tanto interna quanto externa – vividas como perigosas para a unidade do seu Eu. Poderia se tratar de um material alucinatório, não suficientemente ligado, marcado pela destrutividade. A sua tendência a uma intensa mobilização da sensório-motricidade anda de mãos dadas com o recurso habitual ao agir e aos comportamentos, como vias de descarga aptas a suprir as falhas de ligação psíquica próprias ao seu funcionamento mental. Estamos, nesse quadro, no cerne de uma *clínica da excitação*, na qual a predisposição às somatizações é constante.

Lara tem uma psoríase grave. Ela sofre com isso desde a infância, quando apareceram as primeiras placas. As suas crises foram variando de intensidade com o passar do tempo, estendendo-se especialmente durante a adolescência. Ela consulta o Instituto de Psicossomática (Ipso) por volta de dois anos após o início de uma crise importante, com a extensão das placas para regiões do corpo até então poupadas. Com mais de 40, Lara vive sozinha e já havia consultado "psis", mas, segundo ela, não teve grande coisa para lhes dizer, as consultas resultando em "*grandes vazios*".

Trata-se de uma paciente com a qual é preciso se dedicar à *arte da conversação*, como se diz em clínica psicossomática – conforme a expressão de Marilia Aisenstein –, e tentar não se deixar desencaminhar pelas frases entrecortadas por silêncios, ou terminadas com um "É isso", ou então: "Depois de dizer isso, o que é que se faz?". O seu discurso, muito factual, nos convida a entrar em seu mundo de forma bastante concreta e atual. É só com o tempo e o tato, mas sobretudo com um investimento autêntico do vínculo com Lara – muito defensiva, no início, diante do objeto-analista, vivido como extremamente ameaçador –, que se pode ir estendendo, pouco a pouco, o material das sessões em direção à sua história infantil.

Ela não gosta de falar do passado. Tem poucas lembranças dessa época. Lara não parou de tentar se afastar da família, que deixou assim que pôde. Filha caçula, assistiu a extraordinárias cenas de pancadaria ao longo da infância: entre os diferentes membros de sua família; entre os vizinhos e entre os nômades que acampavam próximo à vila onde morava. O pai dela vivia distribuindo pancadas, às vezes se pegando feio com a mulher — igual aos ciganos, me explica Lara. A avó materna era de uma inconstância insana e vítima de crises histriônicas repentinas, e sua mãe ficava completamente sob o domínio dela.

Lara se descreveu criança como um "animalzinho assustado". A sua infância parece ter se desenrolado num clima de terror permanente. Nascida em uma região ibérica montanhosa, muito inóspita, os homens iam para longe trabalhar e frequentemente não voltavam mais. Se voltavam, eram como estranhos para os filhos; não participavam em nada da educação deles e tornavam a ir embora para longe, por muito tempo, deixando as mulheres entre si - furiosas, insatisfeitas e inteiramente responsáveis pelos filhos e pela subsistência da família.

Foi esse o caso do pai dela, que voltou para casa, depois de muitas aventuras, com uma deficiência física e um grande pendor para a bebida, sendo muito desqualificado por todos. As palavras de Lara em relação ao pai eram matizadas com desprezo e, em relação à mãe, com uma violência sem precedentes: "Ela é terrível, ela é maldosa e manipuladora; eu não a suporto, não quero que ela me toque". Como a mãe fazia os filhos sofrerem aquilo que ela própria sofria na mão da mãe dela e na do marido, a violência ia se desfraldando em cascata.

Da primeira infância ela conta que não conseguia dormir e não tinha direito a se levantar da cama. De toda forma, tinha muito medo de sair de seu quarto, sobretudo à noite, com a casa num breu completo, com uma espécie de altar num canto, com a imagem de uma Virgem iluminada por uma vela que a apavorava.

Desde que foi embora da casa da família, ela se sente obrigada a ir ver os pais ao menos uma vez por ano, mas a presença deles em seu pensamento continua constante e eles conservam vínculos telefônicos. A cada ligação, angústias são novamente desencadeadas, e é frequentemente após ter falado com a mãe ao telefone que ela tem sonhos com aranhas.

Ora, aranha era o que não faltava na casa deles... "Eu as escutava andando... com as suas oito patas", me diz ela, "aproximando-se da minha poltrona, por exemplo, quando eu estava costurando... Pra minha mãe era ainda pior que pra mim. Ela detestava as aranhas. Ela berrava, era horrendo. E era preciso colocar as aranhas debaixo de uma tigela em vez de matar, pois isso atrairia outras... Eu não tenho nada contra as aranhas... contanto que elas fiquem no canto delas, e eu no meu – cada um na sua." A existência material desses terríveis aracnídeos foi bem real durante a sua infância, e a contiguidade das representações associadas ao universo materno era imediata.

Desde a primeira vez que Lara me falou dos seus sonhos com aranha – dando ênfase ao "Ela fica me olhando" –, e que retomei "Ela?", a sua reação foi imediata em me dizer, com um tom irônico: "A senhora deve estar pensando, evidentemente, que se trata da minha mãe"... E então? Nada de fluidez associativa, nem expressão emocional, e sim o corte das conexões entre os pensamentos e a repressão dos afetos. Lara estava preparada para ridicularizar um pensamento analítico considerado como sistema de regras, de receitas e de compreender o sonho nos moldes de um "dicionário de sonhos". A sua expressão "A senhora deve estar pensando que..." não era, a meu ver, de natureza projetiva ou de tipo denegatória, mas uma referência concreta a mim e àquilo que eu estava pensando.

Todo o nosso trabalho, mas também a nossa dificuldade nesse tratamento, consistiu em, pouco a pouco, ir tecendo laços para refazer a teia das representações mentais e de afetos que pudessem inscrever o traço da experiência traumática infantil deixada em suspenso, esse "*resto não ligado psiquicamente*", conforme a formulação de Jacques Press, suscetível de exercer uma pressão constante sob camadas soterradas do passado e voltar à tona de formas diversas – comportamentais e somáticas, em especial. Esses sonhos interrompidos continuavam sendo uma via de acesso aos estratos inconscientes, mas não pela via régia do *trabalho interpretativo*, e sim pelo lento *trabalho de ligação* entre lembranças esparsas, fragmentos de afetos e expressões somáticas.

As relações entre o *trauma* e os destinos das organizações funcionais somáticas e mentais foram recolhidas desde o início das pesquisas psicossomáticas. O afluxo não controlável de excitações, demasiado diversas e demasiado intensas, é o paradigma do estado traumático em Freud; a angústia automática, de natureza exclusivamente econômica (relíquia da angústia-desamparo do início da vida), é a sua manifestação sintomática. Foi a partir desse mesmo modelo que os processos de desorganização somática foram concebidos. Na concepção psicossomática da Escola de Paris, fundamentalmente econômica, parte-se do princípio de que, quando as excitações se desencadeiam de forma maciça – sem estarem fracionadas e ligadas aos representantes pulsionais de forma eficiente –, as funções somáticas ou sistemas funcionais correm o risco da desorganização, pois cada função, como lembra Pierre Marty, só pode integrar uma quantidade limitada de excitações.

O parentesco estabelecido por Freud, em 1920, entre as neuroses traumáticas e as angústias atuais descritas desde 1895 também forneceu material para os desenvolvimentos da Escola de Paris – com os estudos psicossomáticos sendo considerados um prolongamento dos estudos freudianos das neuroses atuais. Na continuidade dos avanços acerca das neuroses de guerra (Freud, 1919/1989b), os transbordamentos econômicos dos traumas que colocam em perigo a integridade do aparelho psíquico e a preservação da vida foram articulados à ação destruidora da pulsão de morte, desintrincada de Eros, a "nova" pulsão de vida. A *desintrincação pulsional* era para ser considerada, então, do ponto de vista metapsicológico, o denominador comum entre os estados traumáticos, as angústias atuais na sua versão da segunda tópica e os estados de desorganização somática. Foi assim que uma *potencialidade traumática* (Fain, 1992), acompanhada por uma *potencialidade de desorganização somática*, podendo se manifestar nas diferentes etapas do desenvolvimento, pôde ser vislumbrada na perspectiva psicossomática contemporânea.

Michel Fain, em seu artigo *princeps* "Prélude à la vie fantasmatique" [Prelúdio à vida fantasmática] (1971), lançou as bases para uma concepção da gênese do funcionamento mental cruzando o eixo econômico e o eixo dinâmico, chegando a divisar, em seus trabalhos ulteriores, duas grandes linhagens de desenvolvimento: uma linhagem alucinatória e uma linhagem traumática (Fain, 1992, 1998). A *linhagem alucinatória*, ou fantasmática, seria a que permite a evolução da organização psiconeurótica e assegura o terreno no qual as teorias sexuais infantis vão poder se desenvolver, estágio por estágio, e se complexificar no plano pulsional. Como frisado, o caráter geral da alucinação é o de assegurar a inscrição de um traço no início da vida, o traço do objeto de investimento que desaparece e retorna, favorecendo a instalação da clássica "realização alucinatória do desejo" e possibilitando, assim, a construção de um objeto interno. Nos termos greenianos, tratar-se-ia da disposição, a partir do enquadre vazio da alucinação negativa da mãe, de uma "estrutura enquadrante" de simbolização no seio do psiquismo nascente (Green, 1984/1995).

A libidinização do sono da criança é considerada por Michel Fain, em seus trabalhos conjuntos com Denise Braunschweig (Braunschweig & Fain, 1975), como a etapa inaugural dos processos alucinatórios, o que promove a abertura para a vida fantasmática e onírica. O *sistema sono-sonho* é considerado, nessa perspectiva, um conjunto; e, em função dos imprevistos dos investimentos maternos quando do adormecimento da criança, irão se desdobrar o destino da inscrição dos traços mnêmicos e, *a fortiori*, a qualidade do trabalho do sonho.

Nas melhores condições, o investimento terno da mãe, oriundo de sua pulsão sexual inibida quanto à meta (Green, 1997), assegura à criança, quando do adormecimento, a baixa das excitações corporais sensório-motoras e a integração progressiva dos autoerotismos, concedendo-lhe acesso às satisfações passivas, correlatas a uma busca – dessa vez fantasmática – das satisfações, abrindo o caminho para o trabalho onírico. Esse movimento é conduzido pelo desinvestimento da criança pela mãe (o objeto primário), por esta se interessar pelo seu objeto sexual adulto, impondo à criança uma censura, equivalente a uma mensagem de castração, designada como *censura da amante*. A identificação da criança – digamos, alucinada – ao gozo dos atores de uma cena sexual da qual ela está excluída torna-se o protótipo do traço mnêmico inconsciente e dos primeiros recalcamentos. Os traços mnêmicos inconscientes, nessa perspectiva, são, portanto, um misto de sensações corporais somáticas e de linguagem erótica arcaica transmitida pelo objeto primário. Essa experiência, capturada nos entrelaçamentos dos movimentos de sexualização/dessexualização do ninar, corresponderia a uma pré-forma da sedução pelo adulto: aquela que faz sonhar sem despertar.

Quando essas "condições fartas", conforme a elegante expressão de Fain, não estão reunidas, toda essa linhagem de desenvolvimento alimentada por um capital libidinal que assegura a inscrição da criança na ordem edipiana, abrindo-lhe assim a via régia do alucinatório, se vê altamente alterada. As distorções desse processo, quando severas – como era o caso de Lara –, inscrevem a criança numa linhagem de desenvolvimento desviada, empobrecida de um capital libidinal apto a ligar as forças da destrutividade: uma *linhagem traumática* (Michel Fain).

A presença de certas formas de excitação vindas de uma mãe extenuada, prisioneira de seus próprios sofrimentos e tomada por seus próprios transbordamentos, produz na criança um estado próximo de uma neurose traumática, reacional à superexcitação oriunda desse ambiente.

Em vez de uma libidinização bem temperada, e da integração de uma paraexcitação protetora, é a infiltração da destrutividade que prevalece. Esse *núcleo de neurose traumática* instalado precocemente na criança influencia seriamente o seu desenvolvimento psíquico. As massas de excitação não elaboráveis psiquicamente, escapando ao princípio do prazer-desprazer, já não são aptas a integrar as estruturas do inconsciente por meio da organização das fantasias originárias e das representações recalcáveis. Elas permanecem indiferenciadas, na forma de uma *sensorialidade traumática primária*, conforme a expressão de Fain, escapando às ligações pulsionais; "restos" que irão se manter des-qualificados, não ligados psiquicamente, constituindo com isso "zonas de sensibilidade do inconsciente".

Um modo de adormecimento particularmente patogênico, exercendo-se de modo repetitivo típico do sistema de redução de excitação da pulsão de morte, foi descrito na clínica psicossomática. Tratar-se-ia de um ninar rítmico, mecânico, operatório, de uma mãe que quer a todo custo acalmar o filho insone. A figura da *mãe calmante*, nas antípodas da *mãe satisfatória*, é do domínio desses desenvolvimentos teórico-clínicos. A busca da *calma* por meios sensório-motores repetitivos, mediante toda uma série de procedimentos ditos *autocalmantes* (Smadja, 1993; Szwec, 1993), pode se tornar, em seguida, um modo preferencial de tratamento da excitação por essas crianças – modo que se prolongará na vida adulta.

Lara, que havia sido uma criança constantemente assustada durante o dia, diante do aumento exponencial das tensões durante a noite – das quais ela tinha de tentar se livrar sozinha – sofreu constantemente de transtornos do sono e de despertares angustiados durante a infância. Um procedimento de tipo autocalmante/auto-excitante de coçar e descamar especialmente o couro cabeludo também se instalou nela, conservando por vezes a evolução de crostas e o agravamento da psoríase – comportamentos que faziam parte de um conjunto semiológico apanhado nas redes da compulsão à repetição. Tendo se tornado uma grande esportista na adolescência – praticando bicicleta até cansar e caminhada de altitude até se inebriar –, a sensório-motricidade e a hiperatividade tornaram-se a via privilegiada de escoamento das pulsões desligadas. Apartada das manifestações do inconsciente, privada de um pré-consciente suficientemente funcional para dinamizar representações entre elas e sob a ameaça de um regime situado "além do princípio de prazer", foi na realidade externa que Lara se enganchou.

Numa tal configuração psicossomática, como vislumbrar os processos regressivos sem que o risco de uma *perda de si* venha aí se infiltrar? Os três níveis de regressão (tópica, temporal e formal) ficam comprometidos. Dormir para poder sonhar implica um desinvestimento completo do eu-vigília, das conexões sensório-motoras com a realidade e da libido investida no entorno e em seus objetos. O eu-adormecido coloca em suspenso a vida de vigília para um retorno ao narcisismo do sono – estado de plenitude por vezes nunca conhecido por esses pacientes e ao qual, por conseguinte, eles não podem regressar. A recusa deles em relação à passividade se elucida nesse temor de uma queda num abismo sem fundo, sem objeto interno confiável no qual se agarrar.

Então, é digno de nota o fato de que os sonhos da neurose traumática conservem todas as características do sistema percepção-consciência. Com frequência esses sonhos são de pura repetição dos restos diurnos. As imagens do sonho só conduzem a si próprias; elas parecem apartadas das raízes do inconsciente – o material que as constitui não provém do recalcamento.

A observação dos sonhos dos pacientes somatizantes atesta essas mesmas dificuldades. O relatório para o Congresso de Línguas Românicas de 1963, produzido por Michel Fain e Christian David, sobre os "Aspects fonctionnels de la vie onirique" [Aspectos funcionais da vida onírica], continua sendo uma referência. Ele é contemporâneo da formulação do conceito de "pensamento operatório" e traz ideias importantes do início das pesquisas psicossomáticas.

É frequente, nesse tipo de paciente, que a diferença entre a vigília e o sono seja nebulosa. Esses sonhos chamados de *sonhos operatórios* retomam, à noite, meramente remanejados, planos inteiros da vida de vigília. Os pacientes às vezes acordam com a dúvida quanto a se estavam ou não dormindo. Ou então pode se tratar de um sonho-torrente, muito longo, sem história clara; ou de um sonho-relâmpago, muito curto, uma imagem fixa. Os fenômenos de repetição são numerosos: eles atingem ou o tema, ou o modo onírico, ou um detalhe do sonho. É frequentemente evocado o desencadeamento, durante a noite, de crises somáticas consideradas como se manifestando "no lugar do trabalho do sonho" – nos casos de asma, de crises de eczema ou de psoríase, por exemplo. São igualmente repertoriados os sonhos ditos "crus", nos quais a força pulsional ultrapassa toda e qualquer censura. Eles colocam em cena, meramente disfarçadas, moções muito violentas – por exemplo, o assassinato dos pais, relações incestuosas violentas, lutas corpo a corpo com pessoas do círculo próximo etc.

Fracasso de inscrição dos traços e somatização

Uma variante do sonho com aranha vai acrescentar um aspecto importante que nos colocará na pista das somatizações de Lara: "Sonho que tem uma aranha pousada na minha mão. Isso me acorda, eu vou atrás dela, volto a dormir. Daí noto, durante o dia, que estou com uma mancha vermelha bem no lugar da minha mão em que a aranha estava. Isso arde, coça... Creio que foi porque estive com a minha mãe no telefone na véspera, à noite...", ela me diz em um tom de brincadeira.

Lara fica "à flor da pele" no contato com a mãe. Mas será que se pode mesmo utilizar essa expressão em seu sentido figurado, concernindo à sequência descrita pela paciente? Será que não se trataria, nesse caso, de uma falta justamente em poder fazer evoluir os encadeamentos simbolizantes que vão das percepções traumáticas às formações psíquicas, o que a impediu, desde o início, de constituir um "envelope psíquico" sólido e, *a fortiori*, um "envelope do sonho" (tomo emprestadas as belas metáforas de Didier Anzieu em seus desenvolvimentos sobre o Eu-pele)? Todavia, é preciso notar a constante associação de Lara entre as aranhas e a mãe, sem dúvida efeito da busca de sentido do trabalho analítico em curso e dos movimentos da transferência.

Pareceria, contudo, na sequência descrita, que a impressão de excitação (atual) produzida por esse contato materno antes de adormecer havia passado, durante o sono, por uma tentativa de ligação por meio da imagem habitual da aranha (primeira figuração, com efeito, dos seus temores infantis), hipercondensando restos diurnos - cumulados ao longo da sua história e reativados regularmente - que implicam os seus primeiros objetos e as aranhas, mergulhando Lara, de forma repetida, da infância até a vida adulta, em estados de sideração (o *Schreck* como experiência somatopsíquica de efração colocando em perigo a unidade do eu); e que um "traço" ainda tenha subsistido, manifesto na lesão de pele surgida no dia seguinte - segundo a associação de Lara. O fracasso de transformação psíquica do resto traumático pelo trabalho do sonho continua flagrante: além do retorno da imagem da aranha, não houve nenhuma simbolização durável (remanejada, deformada, deslocada, enriquecida etc.) na tela do sonho, e sim o despertar em sobressalto - o traço permanecendo inscrito, diretamente na pele, bem no lugar da aranha "sonhada".

Aos dois tempos *ferenczianos* descritos por Lara, de um *sonho primário* (pura experiência sensorial sem nenhuma imagem associada, constituída de sensações corporalmente vividas de esmagamento e de asfixia, indicando uma revivescência do afeto de pavor) e de um *sonho secundário* (que tenta transformar o traço traumático por meio das imagens), acrescenta-se um *terceiro tempo*: o da somatização. A tentativa de ligação da excitação pela imagem da aranha esgota-se rapidamente e Lara acorda. A aranha "alucinada" deixa o espaço do sonho e ganha, de volta, o da realidade. Ela se levanta para continuar a tentar controlar sua angústia pelos meios de costume: os da sensório-percepção e do comportamento motor. No dia seguinte a sua dermatose se manifesta. Esse processo poderia ser visto como o protótipo de um fenômeno mais vasto de somatização, tendo levado, em sua juventude, à psoríase. Um princípio fundamental de Pierre Marty pode ser evocado aqui: na falta de meios psíquicos suficientes – o trabalho do sonho, no caso –, a excitação de origem traumática desligada teria apenas dois meios de escoamento: a descarga motora e a somatização.

Apesar da insuficiência do trabalho do sonho em Lara, a imagem da aranha que se impõe já representaria, a meu ver, uma tentativa de ligação; a sua *função traumatolítica* poderia, então, ser vislumbrada. Tratar-se-ia menos de uma ligação no sentido de uma satisfação alucinatória que de uma tentativa de "coagular" apelando a uma imagem traumática (um percepto) – a vivência bastante custosa de perigo, como aquela presente no sonho primário. Poderemos considerar o surgimento da imagem no sonho secundário como uma busca de *coerência-convergência*, conforme o princípio proposto por César Botella no artigo "Névrose traumatique et cohérence psychique" [Neurose traumática e coerência psíquica] (1992), uma intrincação pulsional visando à estabilidade do aparelho psíquico.

A repetição alucinatória da imagem, criada a partir de uma percepção visual externa ligada à experiência infantil realmente vivida de pavor, forneceria uma "forma" possível ao seu verdadeiro perigo: o de uma realidade interna que permaneceu irrepresentável. A figuração da aranha constituiria, assim, um movimento antitraumático de sobrevivência psíquica, pois o que ameaçaria verdadeiramente o eu seria a ausência de inscrição de representantes funcionais de afeto e de representação do fato das nefastas condições infantis: "*o traço de não-traço deixado pela ausência de atribuição de forma*" (Press, 2010)

Se pressentíssemos uma rede simbólica que poderia se formar no psiquismo de Lara, podendo associar-se à aranha e presidir o seu trabalho elaborativo, tratar-se-ia, talvez, de formações remetendo à abissal mãe arcaica – esse oco que engole, que asfixia, no qual a gente se perde. Isso poderia ser a expressão do fracasso do *recalcamento primário da vagina materna*, conforme as complexas articulações de Braunschweig e Fain (1971) em *Eros et Antéros* [Eros e Anteros]. Esse recalcamento que "*reveste o inconsciente*" – quando bem-sucedido – concerne à representação da "*vagina-plena*", aquela que é "preenchida" pelo pênis paterno, que estrutura a fantasia da cena primitiva e constrói uma imago materna que inclui o pai como terceiro separador e objeto do desejo materno. As fantasias originárias – entre elas a da cena primitiva – pareciam, contudo, não ter emergido de forma organizadora na paciente da qual falamos, permanecendo paralisadas nos sonhos interrompidos. Se nos lembrarmos do símbolo do coito presente na literatura psicanalítica concernindo à aranha, no qual os quatro membros de cada parceiro estão emaranhados entre si, ele não parecia estar em primeiro plano para Lara. As suas fantasias sexuais, carentes de organização, carregariam a marca de uma destrutividade não suficientemente ligada, não estando o sadomasoquismo presente na relação parental bastante intrincado no plano erótico. A projeção da destrutividade ficaria congelada apenas na imagem da aranha, barrando inclusive a organização de uma "verdadeira" fobia – o que, aliás, poderia ser uma evolução favorável do seu funcionamento mental.

Durante esse processo analítico, todavia, várias séries de representações carregadas de força pulsional se formaram, criando uma "teia de capturar" as angústias infantis da paciente. O material clínico organizou-se em torno de um eixo principal: o do controle das mulheres, sobre várias gerações e por "encaixes recíprocos" – Lara sob controle da mãe, a mãe sob controle da avó, a avó sob controle da bisavó... material ligado à sua assombrosa lembrança infantil de uma aranha sob uma tigela.

Outras séries se tramaram reconstruindo uma ambiência familiar na qual as mulheres se olhavam, vigiavam-se umas às outras, fora da vista dos homens, sobretudo sem nunca se tocarem, com a ternura inexistindo em prol das relações de autoridade e de obediência. Também foram tramadas sequências em torno da ideia de limites, de envelopes de proteção, entre os quais a pele era tomada, ao mesmo tempo, em sua materialidade somática (e de sofrimento), mas também gradativamente metafórica: ser uma esponja, ter a pele dura, construir uma parede para si, partindo frequentemente da ideia de proteção contra uma figura feminina "que sabe picar onde machuca...".

Os momentos de pânico e de temor diante das mulheres e dos homens em sua brutalidade puderam ser rememorados em sessão e, graças às virtudes paraexcitantes e libidinalizantes de uma potente transferência homossexual, ligados. A expressão negativa dessa última talvez tenha se expressado pela interrupção de seu tratamento, pois Lara conseguiu uma mudança de cargo que lhe permitiria viver à beira-mar.

A necessidade de controle da analista-tecelã não devia ser muito distinta daquela que é exercida em relação às aranhas de seu sonho. Objetos apavorantes, mas tão cativantes – o importante sendo poder convocá-los, incansavelmente, para melhor tentar capturá-los.

9. Marcas do tempo: imagem e somatização[9]

O papel de espelho que cabe ao analista no foco da sessão adquiriu uma força extraordinária no tratamento de Clara, a paciente que serviu de inspiração para as questões que trago aqui. Com ela, senti-me muitas vezes, tal qual no retrato de Dorian Gray, "*como o mais mágico dos espelhos*", segundo a expressão de Oscar Wilde, revelador de um amplo espectro de estados anímicos.

"Espelho, espelho meu"... Refletir incessantemente sobre as *figuras do narcisismo* é algo que faz parte do nosso cotidiano de analistas, e as múltiplas formas que se apresentam a nós, por mais modernas que sejam, parecem reverberar as mesmas luzes da fonte mítica, na qual se conjugam o maravilhoso e o mortífero.

"Por que você está me olhando assim?" – essa era repetitivamente a pergunta de Clara, que via em meu olhar ou em meus lábios todos os tipos de julgamento.

---

9 Conferência proferida na Jornada "Diversidade" da Sociedade Brasileira de Psicanálise de Porto Alegre em 23 de agosto de 2018.
Tradução de Vanise Dresch.

A respeito de sua própria imagem, entre ironia e perplexidade, ela me dirá certo dia: "Vejo-me no espelho, mas não me vejo envelhecer; é o espelho que envelhece, não eu".

É perturbador esse cara a cara com tal figura extratemporal, elegantemente projetada no espaço, mas tragicamente congelada em formas de repetição das vivências infantis de angústia e transtornos identitários marcantes. Mulher ou homem? Jovem ou velha? Às vezes, de tênis e boné, outras vezes, de salto alto e casaco de pele: a peculiaridade da expressão dos dois grandes organizadores psíquicos de gênero e de geração era um enigma em Clara. Ela vem às primeiras sessões com uma maquiagem exuberante, dirigida a mim, sem dúvida; explica-me que tinha de enviar, no âmbito do seu trabalho, uma "*selfie*" com um "*look* andrógino". Estaria me olhando para ver o que eu via quando olhava para ela?

Antes de me procurar, Clara já havia percorrido um longo caminho de terapias variadas que a levou a um projeto no qual investiu muito e cuja realização estava ameaçada. Depois de se aposentar, já perto dos 70 anos, ela havia decidido se dedicar a uma atividade profissional com a qual sempre sonhou: ser manequim fotográfica. No momento em que apresenta suas fotos a uma agência que pode lhe propor trabalho, Clara é acometida por uma dermatose no rosto, resistente aos tratamentos:

"Virei um monstro", conta ela.

Foi isso que a fez procurar o Instituto de Psicossomática (Ipso), onde eu a atendo.

Cada linha do artigo de Winnicott "O papel de espelho da mãe e da família no desenvolvimento infantil" (1974) nos informa sobre problemáticas como essa da minha paciente, para quem a identificação primária com o objeto parece ter sido dificultada e a construção das bases narcísicas, muito comprometida.

"Gastei todos os espelhos de casa" - contou ela -, provavelmente em busca de um retorno de sua imagem que reforçasse o sentimento de continuidade, pois isso nunca teria sido encontrado no olhar de sua mãe. Esse olhar materno no qual, segundo Winnicott (1974) - na esteira de Wallon e Lacan -, "o amor e o encantamento inspirados [na mãe] pela criança lhe permitirão formar a imagem de si mesma, pois ser realmente vista pela mãe significa existir em retorno" (p. 82). Ao olhar para a mãe (entendo aqui o adulto sexuado que cuida da criança), a criança vê a si mesma, numa *apercepção* enriquecedora que lhe garante uma interação significativa com o mundo, a qual se conjugará, ao longo do desenvolvimento, com a percepção propriamente dita do objeto como outro que não ela mesma.

Portanto, função de espelho do objeto por meio da qual sua presença objetivamente percebida, acompanhada por interações corpo a corpo, permite que a criança instaure sua economia narcísica e a diferenciação eu/não eu.

***

Clara se prende ao meu rosto; desde sua chegada ao consultório, fixa seu olhar em mim. Com frequência, durante longas sequências, permanecemos olhos nos olhos. É perturbador, mas, para essa paciente, para quem a economia da percepção (voltada para o exterior) tornou-se prevalente em detrimento dos processos de interiorização (voltados para o interior), a presença real do analista é uma garantia de permanência do objeto e de si mesma, misturados. "Faço corpo com os outros" - disse ela.

Para explicar essa questão, lembremos que dois movimentos coexistem nas relações precoces: a instauração do duplo retorno pulsional e a organização da *reflexividade* (Fain, 2001b; Ody, 2012). Esse destino da pulsão descrito por Freud em 1915, conhecido como *duplo retorno pulsional*, constituiria o alicerce pulsional da reflexividade. Tais transformações elementares da pulsão, ou seja, a inversão em seu contrário (implicando a transformação da atividade em passividade e do amor em ódio) e o retorno para a própria pessoa (descrito por Freud por meio dos pares de opostos voyeurismo/exibicionismo e sadismo/masoquismo), são constitutivas tanto da organização do narcisismo quanto da elaboração pulsional erótica.

A ação conjunta desses dois mecanismos instaura o regime dito "reflexivo" ou, conforme a expressão freudiana, "a voz reflexiva média", que corresponderia a "*eu faço a mim mesmo*", situada entre a voz ativa ("*eu faço ao objeto*") e a voz passiva ("*o objeto faz a mim*").

Essa inversão em voz reflexiva, o "eu me olho", que está mais relacionada com o caso da minha paciente, é um tempo de desvio do objeto e de retorno do investimento da pulsão para o próprio corpo, o qual se torna então objeto: a criança se observa, se olha e toca em partes de seu próprio corpo, de modo que a atividade e a passividade se unem em um mesmo movimento.

O primeiro objeto da *pulsão escópica* encontra-se, portanto, verdadeiramente no próprio corpo, seguindo a sequência: olhar, ser olhado, olhar-se. Freud situa esse movimento no início da atividade autoerótica da criança. Mas não se trataria tanto de uma incorporação ou de uma introjeção, no plano psíquico, dos olhos da mãe (quando ela retira seu olhar), mas, antes, da capacidade de reproduzir num agrupamento sensório-motor o que a criança *sente* enquanto a mãe olha para ela (Botella & Botella, 1995). Trata-se de um momento precioso em que o *olhar investidor do objeto* (cf. artigo "Le corps dans la psyché" de M. L. Roux em Dechaud-Ferbus & Roux, 1993, p. 7), que se condensa também com o toque ou o som de sua voz, encontra uma zona corporal da criança, e esta se apropria dessa zona. Esboça-se então uma primeira autonomia.

Essa autopercepção, fundada na percepção alucinatória da falta do objeto de satisfação que se retirou, constituiria, assim, no jogo de presença/ausência, a matriz de toda reflexividade. Surgiria, nesse momento, uma primeira intrincação do perceptivo e do pulsional com as zonas erógenas e os órgãos dos sentidos.

Cabe ressaltar que esse destino pulsional organizador *autorreflexivo* está presente nas argumentações de diversos autores contemporâneos, como René Roussillon, que situa a reflexividade como ponto de ancoragem do *trabalho de autorrepresentação* e de subjetivação. Poderíamos citar também André Green, que desenvolveu, já desde a década de 1960, suas ideias a respeito disso. Aliás, ele considera esse mecanismo o modelo basal da psicanálise (cf. Delourmel, 2015), na medida em que situa o objeto no momento da montagem pulsional. Para Green, o objeto é revelador da pulsão, é o que atribui à *resposta do objeto* uma função determinante e confere ao modo como sua ausência é tratada um papel decisivo nos destinos pulsionais e na organização do narcisismo. Disso resultará, então, uma distinção entre um *narcisismo positivo* (que pode ser associado à vida e ao Eros do objeto), que tende à unidade e à construção da identidade, e um *narcisismo negativo* (que pode ser associado às pulsões de destruição e à relação mortífera com o objeto), de grande fragilidade, com tendência a se desagregar (Green, 1983).

Denise Braunschweig e Michel Fain (1975; Fain, 2001b) atribuem também um lugar determinante ao êxito do duplo retorno, colocando esse movimento complexo na *ponta evolutiva* dos mecanismos mentais, postulada por Pierre Marty como a garantia do equilíbrio psicossomático.

Falhas no desenrolar desses processos teriam como corolário, de acordo com esses autores, um *destino pulsional inacabado,* com consequências consideráveis na instauração do recalque e do jogo representacional, ou, em outras palavras, nos chamados processos de mentalização. Os dois autores levantam um ponto fundamental que marca sua diferença, ao afirmarem: "O duplo retorno só pode ser *triangular*, ou então ele não acontece e [instala uma] falta" (Fain, 2001b, p. 35). A concepção dos destinos pulsionais e das interações precoces será revista à luz da sexualidade materna.

Será postulado o papel decisivo de uma triangulação edípica estabelecida desde o início, que se torna eficaz por meio daquilo que os autores chamam de *censura da amante* (Braunschweig & Fain, 1975). Essa noção designa a mensagem enviada pela mãe no momento em que desinveste seu filho e dirige seu investimento erótico de adulto para o seu objeto de desejo (o pai da criança ou outro), estabelecendo assim uma descontinuidade e uma diferenciação de seus investimentos. A excitação sexual erótica materna pode então ser pensada como dividida entre seu desejo de mulher e a ternura pelo filho (concebida como inibição quanto à meta de sua sexualidade).

A ausência dessa triangulação precoce, isto é, do complemento erótico do objeto, teria como resultado "a não constituição da representação de um objeto ativo que, não encontrando seu lugar no movimento do duplo retorno, só se manifestaria na posição de uma falta excessivamente excitante e persecutória" (Fain, 2001b). Esse tempo de prazer do eu nascente do bebê, resultante da conjunção fantasmática do objeto ativo com o seu erotismo passivo (correspondente ao retorno da voz reflexiva matizada pelo erotismo do objeto), quando não pôde deixar seu traço no inconsciente (pelo recalque), manteria então, por meio dessa falta, uma excitação crônica. Vê-se assim comprometida a identificação inconsciente com os dois parceiros da cena primitiva capaz de instalar a voz reflexiva, a qual só pode ser estruturante se for filtrada pelo terceiro e pela censura do supereu materno. Forma-se então um hiato dentro dos movimentos pulsionais pelo qual se infiltram, em vez de autoerotismos unificados numa relação triangular e em fantasias primitivas organizadoras, autoerotismos dispersos, sem ligação libidinal com as zonas corporais, que permaneceram fora do campo das representações nascentes. Isso se manteria no registro de uma excitação indiferenciada, reduzida ao que Fain denomina "*uma sensorialidade traumática primária*".

No plano da organização psicossomática, em tais casos, são os diferentes órgãos e as grandes funções fisiológicas que deixam de ser investidos (ou o são de forma inadequada) pelo Eros do objeto. Porque, assentando-se nos investimentos escópicos, será a irrigação das zonas corporais pela libido, em diálogos táteis, tônicos, sonoros, verbais e infraverbais entre a criança e seus objetos, que possibilitará a constituição do corpo erógeno, o qual vai se apoiar no corpo fisiológico (o modelo da subversão libidinal do corpo biológico proposto por Christophe Dejours é uma boa contribuição nesse sentido). Na perspectiva psicossomática, o corpo erógeno é, pode-se dizer, o guardião do corpo somático.

O *traumático primário*, que acabamos de mencionar, mantém seu potencial de destrutividade pela permanência, conforme Fain, de uma *zona de sensibilidade do inconsciente*, sempre capaz de despertar durante toda a vida (e de se manifestar por meio de sintomas diversos, principalmente somáticos). Diante desse risco de desestabilização, a funcionalidade do masoquismo erógeno primário desempenha um papel essencial como operador de coexcitação da libido e da destrutividade, necessária para reter as cargas eróticas no eu, especialmente em situações de espera dolorosa e de frustração.

***

Clara viveu numa obscura configuração edípica. Do lado materno, predominava a "frieza", ao que parece, desde o nascimento, pois a mãe esperava ver um menino e ficou imensamente decepcionada. Segundo Clara, sua mãe teria "desviado o olhar" desde então e, durante toda a vida, só teve olhos para sua irmã mais velha. Rejeição e humilhação marcaram os movimentos da mãe em relação a ela, deixando seu olhar perdido no vazio de um espelho opaco. Do lado paterno, o calor teria sido "calor excessivo". Quando o pai voltava para casa alcoolizado, a mãe mandava Clara para a cama do casal para refugiar-se na cama da filha, e a menina, petrificada, passava noites em claro, entre os roncos e os odores paternos. Não podia sequer se mexer, nem se aproximar demais, nem tocar nele, para evitar a catástrofe de que ele acordasse subitamente. Estado traumático recorrente - pode-se dizer, de sedução traumática - no qual o processo triangular e dessexualizante do supereu materno foi pelos ares, sendo substituído por um contexto de excitação muito difícil de elaborar. Diante da impossibilidade de constituir uma fantasia de cena primitiva estruturante, devido à sua exclusão das relações do casal parental, Clara teria enfrentado, ao contrário, uma realidade confusional e brutal, excessivamente excitante, que teve um peso muito grande sobre a construção de sua psicossexualidade. O desenvolvimento pulsional erótico de Clara permaneceu muito imaturo, e a tendência ao transbordamento de excitações tornou-se constante. As dificuldades de desenvolver a *capacidade autorreflexiva do psiquismo* (Delourmel, 2015) acompanham esse quadro.

Em Clara, tanto a expressão de prazer quanto a de angústia eram desmedidas. Ela se recorda de ter sido uma criança muito agitada, de ter brincado com a turma de meninos e de ter sonhado em ser uma grande atriz. Não houve latência em Clara, que parece ter sido invadida por excessos inesgotáveis de excitação sexual que ela não conseguia ligar nem conter, muito menos sublimar de forma adequada. Ela procurou a atenção de homens adultos e jogou-se nos braços deles. Talvez tenha sido um brinquedo erótico nas mãos de alguns deles. Embora tenha sofrido o impacto dos conflitos parentais e tido muito medo de seu pai, foi com ele que Clara buscou uma ligação. Alguns autores veem nas fixações incestuosas no pai uma defesa contra a rejeição materna precoce. Esse quadro parece demonstrar a presença de um movimento de *sexualização retroativa do pré-sexual* (André Green), aquém da sexualidade edípica propriamente dita e proveniente das formas pré-genitais. O sobreinvestimento do sexual, nesses casos, serve para absorver o não sexual (a ferida narcísica) que ameaça o sentimento de identidade.

Houve um episódio marcante, ao qual podemos atribuir um valor especialmente traumático, que será discutido mais adiante: aos 12 ou 13 anos, quando saía de um bosque com o menino com que havia trocado os primeiros beijos, Clara dá de cara com sua mãe. Ela nunca esquecerá o olhar de reprovação desta: seus olhos arregalados a petrificaram. A mãe passou vários dias sem lhe dirigir a palavra. A mensagem de castração que pode ser depreendida dessa situação, sob forma de *cabeça de Medusa*, parece ter funcionado principalmente como uma ameaça que afetou seu corpo erógeno adolescente em vias de se constituir e como um interdito de se apropriar de seu desejo amoroso emergente, em vez de uma ameaça de castração estruturante, expressão de uma rivalidade edípica, deficiente já desde a infância. Tudo o que Clara sentiu, sua petrificação, não remeteria mais ao terror infantil e à urgência de uma clivagem de suas emoções do que à formação de um conflito de ordem sexual? Não se trataria mais de uma vivência de vergonha que afetava seu narcisismo e seu amor-próprio do que de uma culpa erótica objetal? Que valor funcional poderia ser atribuído ao seu supereu, construído entre os ímpetos excitantes violentos e incestuosos de seu pai e a ausência de censura da mãe-amante? Um "*ser olhada*" com valor persecutório e aniquilador de seu corpo erógeno parece ser mais provável, em que o polo da destrutividade vem sobrepor-se ao de Eros, sem deixar nenhum lugar para a interiorização de uma autoimagem positiva.

***

Clara encontrou, de fato, grandes dificuldades em sua vida amorosa e sexual adulta. Por volta dos 20 anos de idade, engravidou de um menino, que, de certa maneira, ela "doou" aos seus pais por não ter condições de criá-lo. Reencontrou esse filho somente no início da adolescência dele. O jovem se tornou dependente químico, e as relações entre eles, marcadas por uma extrema violência, foram rompidas. Por volta dos 30 anos de idade, Clara conheceu o segundo homem de sua vida: um homem casado, músico conhecido, com quem viveu um relacionamento passional marcado, ao que parece, por uma adição sexual que a teria, em suas palavras, "destruído". Ela não consegue dizer muita coisa sobre esse relacionamento, pois suas crises de angústia ainda se avivam quando fala disso. Depois desse rompimento e levada por um movimento muito "além do princípio de prazer", ela mergulhou num período de anorexia e cometeu uma tentativa de suicídio. Seu percurso terapêutico inicia após esse episódio.

"Eu não estava construída", "foram os 'psis' que me construíram", "nunca refleti, sempre vivi cada dia, reagindo no momento"... Foi nesses termos que Clara se apresentou a mim.

Não era uma paciente operatória, mas as características de imediatismo e de atualidade em sua relação com o mundo e com os outros eram visíveis. O fato de se agarrar ao presente e a um tempo que "não passa", próprio da solução defensiva da compulsão à repetição, revela uma vocação psíquica cujo destino, segundo a expressão de Green (2000) é o "antitempo" ou, em termos mais extremos, o produtor de uma *forclusão da temporalidade*.

Apesar de ter adquirido, durante suas psicoterapias anteriores, uma capacidade de apontar fatos marcantes de sua história, a vivência subjetiva do escoamento do "tempo vivido" lhe parecia inacessível, uma vez que a experiência do *après-coup* não se instalou.

Após algumas sessões nas quais esteve ausente, Clara conseguiu me dizer, por exemplo: "Não sei se passou muito tempo ou se o tempo passou muito depressa". Ou ainda, para dar um exemplo muito expressivo, ela comete o seguinte lapso, dizendo: ". . . quando penso que, daqui a trinta anos, vou fazer 70 anos . . .". Isso foi dito três meses antes de fazer aniversário.

Em casos de pacientes com falhas narcísicas marcantes, como Clara, é muitas vezes difícil falar de transferência de outra forma que não seja em termos de vivência em *duplo* (De M'Uzan, 2005; Botella & Botella, 1995). Como se, pelo fracasso dos processos reflexivos, uma parte do eu do paciente ficasse voltada para o objeto, à espera de um investimento, numa posição que ele tentaria repetir incansavelmente e ante a qual o analista deve se posicionar.

A noção descrita por Pierre Marty de uma relação com o outro (e com o analista) de tipo *reduplicação projetiva* parecia se aplicar a essa paciente, mas noto que se trata de uma projeção do "próprio sujeito" sobre o outro, e não da projeção de uma imago ou de um conteúdo recalcado ou forcluído. Eu defenderia a ideia do casal Botella de um modo de relação analítica que tende a instalar-se *em duplo composto*, remetendo aos estados de indistinção regressiva em que a criança "é" o duplo do adulto que "é" o duplo da criança. Foram numerosos meus próprios momentos de angústia durante essas miragens criadas por Clara. O comentário de Winnicott a respeito dos retratos deformados de Francis Bacon ilustra bem esses estados (cf. Korff-Sausse, 2003). Cito-o: "Bacon vê a si mesmo no rosto de sua mãe, mas com uma distorção nele, ou nela, que nos enlouquece, tanto ele quanto nós" (p. 630). Bacon inclusive queria que aqueles que olhassem suas telas vivenciassem tal experiência, e foi por isso que as cobriu de vidro

***

Segue uma sequência clínica do trabalho com Clara.

"Noutro dia, passei por um grupo de pessoas que conversavam bem no meio da calçada, e uma jovem me disse: 'Que cara é essa!?'. Não me dou conta, mas, na verdade, sou antipática com as pessoas." Logo em seguida, ela se vira para mim e pergunta: "Por que você está me olhando assim?".

Faço uma expressão ligeiramente interrogativa, mas ela parece se ver no meu rosto:

"Você está me olhando com antipatia..."

Após alguns instantes de perplexidade, respondo: "Como você gosta de encontrar em mim o rosto reprovador de sua mãe!".

Crises de angústia terríveis que evocam angústias próprias das neuroses atuais pontuaram a vida dessa paciente. Como se descargas de excitações enraizadas em seu passado infantil, que permaneceram suspensas e nunca foram verdadeiramente integradas em sua vida pulsional, continuassem prestes a se desencadear novamente, como pura expressão de uma "memória amnésica" (Green, 2000). Atuais, repetitivas, inscritas num presente eterno, tais crises serão desencadeadas regularmente no aqui e agora da sessão.

"Sinto um aperto", mostra Clara, com uma das mãos em volta do pescoço. "Tranca aqui." Durante a noite, esses mesmos sintomas a despertam: falta-lhe o ar, ela se levanta, bebe água e masca um chiclete para relaxar. Em sessão, quando uma "zona sensível" é afetada pelo relato de um acontecimento recente ou antigo, exacerba-se sua angústia somática. Ela tem calafrios, para de falar. Com muita frequência, em momentos variáveis, sente necessidade de marcar uma pausa, engolir o ar e a saliva, de forma muito sonora. Nesses momentos, fixa seus olhos nos meus, como se quisesse evitar cair, desmoronar. Mas também em busca de um olhar que acalma (entendo aqui, também, um olhar paraexcitante, dessexualizante), possibilitando-lhe o movimento de desvio do olhar para o interior, capaz de promover ligações e representações.

Vejo e ouço todos esses elementos não verbais como fazendo parte da *expressão associativa* da minha paciente, como propôs Marty referindo-se a pacientes nos quais a "associação livre" de tipo neurótico não é predominante. No centro da "expressão associativa", todos esses elementos mímicos, gestuais, sensório-motores, neurovegetativos, somáticos em geral, substituem uns aos outros e têm o mesmo valor das representações verbais.

A ideia de substituição de uma expressão por outra deve ser compreendida não na perspectiva de um sentido latente dissimulado a ser revelado (de um recalcado que tomaria formas substitutivas para retornar, como nos casos dos sintomas histéricos, por exemplo), mas na perspectiva daquilo que justamente escapou ao recalque e ao trabalho da representância, daquilo que permaneceu extratemporal e que vem à tona – de maneira repetitiva – sob o manto do atual.

Para Claude Smadja, essa *equivalência energética* entre funções somáticas e funções psíquicas, proposta por Marty, vem do *fundamento pulsional* comum a essas duas funções. São as transformações qualitativas da energia pulsional que elas têm em comum que resultariam em toda gama de expressões clínicas, desde as mais psíquicas até as mais somáticas.

É assim que, no foco da sessão, não só a escuta, mas também o olhar do analista e sua presença investindo diversas camadas do material trazido à sessão podem convergir para uma inteligibilidade dos núcleos que não foram tratados (processados) psiquicamente pelo paciente e que vêm à tona em suas múltiplas formas de expressão. O material clínico desdobra-se, assim, por todo o *espectro psicossomático* descrito por Smadja, que vai desde o polo mais traumático, dito desmentalizado (de expressão sensório-motora e comportamental, mas também sob forma de transtornos somáticos), até o polo mais mentalizado (de expressão psíquica pelas representações e pelos afetos).

***

Voltemos a Clara. Nas sequências citadas, ela me faz ver a expressão de um estado de desligamento, que se encontra, ao que parece, na própria raiz da montagem pulsional. A excitação parece encontrar obstáculo em seu trajeto de acesso ao psiquismo. Lembremo-nos da última definição da pulsão apresentada por Freud em 1932 e de sua trajetória somatopsíquica: "a fonte da pulsão é um estado de excitação corporal; sua meta, a eliminação dessa excitação. É no trajeto entre a fonte e a meta que a pulsão se torna psiquicamente eficiente. Em regra geral, ao longo desse trajeto", explica Freud, "interpõe-se um objeto externo" (Freud, 1932/1995a, p. 119).

Nesse sentido, o analista não desempenharia o papel de um *novo objeto*, capaz de fornecer *novas condições* favoráveis à eficiência psíquica do movimento pulsional?

Volto à sequência clínica:

Clara põe a mão na barriga, apalpa a região em torno dos lábios onde se concentram as espinhas desde a manifestação de sua dermatose, como se tentasse acalmar o transbordamento de algo que ela não sabe o que é.

"Você acha que minhas espinhas são palavras cortadas? Todas essas coisas que eu nunca consegui dizer?", pergunta ela.

"Talvez palavras que nem se formaram...", digo.

Essa máscara de lesões que a deixaram monstruosa no momento em que se preparava para se mostrar publicamente nesse trabalho tão sonhado tornou-se um enigma a ser decifrado.

***

Eis o relato do contexto que antecedeu o desencadeamento dessa rosácea e o modo como isso veio à sessão. Trata-se do momento de preparação de seu *book* para apresentá-lo às agências de modelo.

"A sessão de fotos foi mágica, estavam o *cameraman* e a namorada dele, estilista; foi um momento extraordinário. Levei chocolates, que ele comeu como criança!" Clara imita as bocadas, como se também virasse uma criança gulosa. "Ele devorou toda a caixa!"

Digo: "Parece que foi um momento de prazer compartilhado".

"Sim, sinto até agora o gosto", diz ela, rindo.

(Pausa) Pergunto: "O que você sentiu ao ver suas fotos?".

"Foi maravilhoso; tudo ia bem até então, até que o meu rosto ficou coberto de espinhas!"

(Pausa) Como é que se passa do maravilhoso ao monstruoso?

"Teve uma fase de angústia, pensando bem, lembro do meu primeiro encontro na agência; quando estava na frente da mulher que me recebeu, senti em mim um medo aterrorizante..., senti o calor subir! As espinhas apareceram na mesma noite!"

"Você estava fazendo algo errado?"

Ela marca uma pausa e diz: "Ouço a voz da minha mãe: você não vai conseguir... Sabe, minha mãe está longe, mas está presente o tempo todo".

***

Vários elementos se associam nessa sequência em que Clara conseguiu situar o momento exato de ressurgência do traumático, ou seja, quando viu no rosto da diretora da agência o olhar reprovador e colérico da mãe, o espelho monstruoso de seu narcisismo negativo, lugar de reflexão de sua destrutividade e do seu não direito de existir. Teria ocorrido, ao que parece, um movimento de *atualização projetiva* (Green, 2000), da ordem de uma "revivescência" impregnada de uma força dramática atual em vez de uma "reminiscência" do passado.

No entanto, esse julgamento materno fatal, o olhar da Górgona, foi antecedido pelo "tempo maravilhoso" de ser fotografada pelo *cameraman* (em dupla com a estilista), que a "devorou crua com sua caixa de chocolates", como lhe interpretei posteriormente.

Levanta-se aqui um aspecto essencial presente nesse material: as *fixações eróticas pré-genitais orais* em Clara, que questionavam toda a construção do seu *corpo erógeno* e os *obstáculos* na construção de sua psicossexualidade.

***

De diferentes formas, manifestaram-se ao longo de todo o processo analítico expressões de uma voracidade oral intensa em Clara, de natureza primária e transbordante. Tanto em sua vertente agressiva e destrutiva – por exemplo, por meio do sonho com uma serpente naja, elaborado na transferência, em que meu olhar "devorador" foi associado ao da naja – quanto em sua vertente sensual – ligada às lembranças da cozinha de sua mãe e ao cheiro de álcool associado ao pai e ao amante do passado.

O enigma de suas lesões ao redor da boca, região em que se fixou sua dermatose, poderia nos levar à pista das raivas e dos amores infantis, mal ligados, que teriam permanecido como um ponto de *fixação somática*, protegendo-a de uma vivência mais ameaçadora de despedaçamento ou de despersonalização? Estaria garantindo um patamar evolutivo em relação às manifestações mórbidas de outra esfera ainda conhecidas de Clara, como a anorexia mental? Como articular esses diferentes estratos com o que se refere a sua excitação sexual, se pensarmos no episódio dos beijos no bosque, quando sua mãe a "fuzilou com os olhos"?

Poderíamos percorrer um caminho que iria do polo mais desmentalizado em Clara, partindo da imagem especular sem reflexo e de seu transtorno narcísico, até um polo erotizado capaz de dar um sentido ao seu sintoma somático ao redor dos lábios e no rosto?

Mesmo que, tradicionalmente, consideremos que "o sintoma somático é ignorante" (conforme a expressão de Michel de M'Uzan), pois já se sabe que, diferentemente da conversão histérica, ele foge à simbolização, sabemos que pode se desenrolar, no trabalho analítico, graças ao movimento transfero-contratransferencial, um processo que podemos chamar de *histerização secundária* do sintoma somático (Denise Braunschweig, 1993). Nesse sentido, Christophe Dejours já havia proposto, nos anos 1980, a noção de *somatizações simbolizantes*.

Como conseguir restituir o valor sexual do "deslocamento de baixo para cima" que faz com que uma mulher ruborize de medo de que seus arrebatamentos sexuais sejam descobertos? Em vez de ruborizar, expressando culpa ou pudor, ou de paralisar um músculo, no lugar de uma fantasia recalcada, Clara contraiu uma dermatose no rosto.

Se, por um lado, a reconstrução do sentido (a formação dos representantes-representações) parece relativamente acessível uma vez instalada no paciente, durante o processo analítico, a *reflexividade*, por outro, a *qualificação dos afetos* a partir das manifestações somáticas (a formação dos representantes-afetos) é um desafio apaixonante vivenciado a dois, paciente e analista.

Seguem dois movimentos mutativos recentes desse tratamento.

O primeiro movimento sucedeu a um episódio muito frustrante para Clara. Ela se expressa assim: "Acordei no dia seguinte com uma dor terrível no peito, me olhei no espelho e meu rosto estava desfigurado pelo sofrimento! À medida que fui relaxando, refleti [podemos entender isso no sentido pleno que empregamos aqui, o de reflexividade], disse a mim mesma que eu estava sentindo o que não senti quando tive minhas espinhas... De certa forma, me perdoei, perdoei minha mãe, me acalmei".

Ficamos nos fixando olhos nos olhos, e eu, emocionada, desviei meu olhar, deixando Clara com seus próprios sentimentos, num verdadeiro momento de *afeto compartilhado* (Catherine Parat, 1995).

O segundo momento mutativo sucede a um episódio de dor no ciático, durante o qual um massagista a surpreendeu fazendo gestos inesperados (leves toques lentos e muito suaves) que a fizeram sentir um calorão, e um rubor lhe subiu pelo rosto. Ela se levantou e foi embora furiosa com o massagista. Durante várias sessões, isso foi sendo elaborado. Furiosa comigo, Clara mostrou-se extremamente defensiva diante de todas as minhas tentativas de trazer a corrente sensual que pudesse estar presente nas sensações que ela teve no contato com o massagista. "Eu a jogava nos braços desse homem, como sua mãe a tinha jogado nos braços do pai", interpretei assim sua raiva contra mim. Para Clara, esse homem, como o seu pai e todos os outros, abusou dela. A análise desses núcleos prosseguiu, apesar de suas fortes resistências. Clara acabou reconhecendo que já não era uma criança indefesa, que não se tratava de "uma confusão de línguas", para empregar a bem conhecida expressão ferencziana, e sim de um desejo de mulher que lhe subiu ao rosto no contato com esse homem, o massagista. Seguiu-se uma série de lembranças dolorosas relativas à sua sexualidade. Foi posteriormente a esse período do trabalho analítico que sua dermatose desapareceu por completo.

Passado algum tempo, Clara me disse: "Tenho 74 anos e tenho muita vontade de fazer amor. Tive sonhos eróticos. Mas não dá para contar", acrescenta ela rindo, um pouco constrangida. Isso me fez sorrir, um pouco cúmplice.

Claude Smadja propôs recentemente um prolongamento da descrição clássica dos *processos de somatização* segundo Pierre Marty, articulando com as contribuições de André Green e considerando a intervenção do *trabalho do negativo*. Ele propõe a ideia de um *trabalho de somatização* que se desenrola em dois tempos. Num primeiro tempo "destrutivo", a pulsão de morte age a fim de reduzir o excesso de excitação traumática gerado por uma situação conflitual (que reativa feridas do passado), uma desorganização do eu ocorre, seguida por uma somatização. O segundo tempo é "erótico" ou de "cura", em que a quantidade de excitação traumática foi reduzida, tornando possível, em função da disponibilidade da libido no paciente, uma reorganização do eu. A somatização se estabelece então como um neoobjeto, e um tempo de *significatividade* pode iniciar.

Foi nesse segundo tempo do "trabalho de somatização", o "tempo erótico", que Clara e eu conseguimos avançar.

A experiência na clínica psicossomática obriga o analista a atravessar de ponta a ponta um processo que vai da desorganização em que a destrutividade está em ação até uma reorganização tornada possível sob a égide de Eros. Marty concebia o trabalho do analista como indo da *função materna à psicanálise*. Isso requer tanto uma capacidade de presença e de apreciação sensório-perceptiva e afetiva das oscilações econômicas em torno das zonas traumáticas do paciente quanto o aporte de respostas paraexcitantes e continentes; e, além disso, a redinamização do funcionamento mental do paciente, a mobilização de sua associatividade com a formulação gradativa dos conflitos, o *enfrentamento* de sua violência pulsional

(Dejours, 1989) e o trabalho interpretativo. Para conseguir instalar, no curso de um processo que, com frequência, é muito longo, aquilo que hoje quisemos situar em termos de *olhar sobre si mesmo* e de aptidão à *reflexividade*, condição *sine qua non* para os processos de mentalização.

Antes de concluir esta apresentação, quero abordar uma última vertente do caso de Clara. Trata-se de sua relação com o tempo e com as transformações corporais ligadas ao envelhecimento. Trata-se também de uma questão peculiar e mais ampla: começar a viver, a amar e a sentir desejo às portas da "*melhor idade*"?

Quando conheci Clara, ela já estava plenamente naquilo que Gérard Le Gouès chama de *fase das rugas*. Cito-o:

> *O envelhecimento obriga o aparelho psíquico a realizar um novo ajuste identitário, entrando na fase das rugas pelo jogo de espelho que nos obriga a reconsiderar, ano após ano, nossa posição na linha do tempo, que essa constatação agrade ou não. (Le Gouès, 2005, p. 1044)*

No entanto, no caso de Clara, ela me avisou que era o espelho que envelhecia, não ela.

***

A psicanálise em idade avançada, como nova aquisição da clínica contemporânea, merece algumas palavras. É conhecido o pessimismo de Freud acerca disso, como aparece em seus escritos técnicos:

> *. . . pessoas que alcançaram ou ultrapassaram a idade de cinquenta anos não dispõem mais da plasticidade dos processos psíquicos sobre a qual se apoia a terapêutica – as pessoas idosas não são mais educáveis – e,*

> *além disso, a quantidade de material a decifrar aumenta indefinidamente a duração do tratamento. (Freud, 1904-1919/2007, p. 22)*

Outros foram mais otimistas. Como apontado por Le Gouès (2005), um caso de Hanna Segal mostra como o tratamento analítico deu a uma paciente de 71 anos "acesso, pela primeira vez em sua existência, a um real sentimento de maturidade". Nós sabemos o quanto isso se confirma atualmente em nossos consultórios.

Le Gouès (2005, p. 1045) diz:

> *Quando as artérias cessam de ter a idade das fantasias, a perda de si mesmo desponta, anuncia-se de maneira incontornável como prova à qual é preciso se submeter. É impossível continuar esquivando-se dela, protelando--a. Essa prova imposta exige então que o aparelho psíquico se ponha novamente a trabalhar . . .*

A ferida infligida ao corpo e à psique pelos efeitos da idade, quando Clara tomou consciência disso, serviu de alavanca para a elaboração da angústia de castração, que havia ficado em repouso desde sempre. Na verdade, a instauração de uma noção de finitude e de *tempo vivido* exerceu uma função tranquilizadora sobre ela. "Talvez eu encontre alguém, apesar das minhas varizes" – essa formulação pode ter emanado de um novo "amor-próprio", expressão de um narcisismo positivo.

É interessante constatar que sua nova atividade profissional, que evoluiu para a figuração cinematográfica, lhe oferece uma nova matéria bastante lúdica (sublimatória, sem dúvida) de exploração de sua imagem. Sem falar do prazer oferecido pela quantidade de telas que refletem sua autoimagem no tempo que passa. Mas, muitas vezes, o que é esperado de Clara é que tenha a idade que realmente tem. Mediante esse trabalho – inicialmente, de manequim sênior e, atualmente, representando em filmes todos os tipos de papel de "velha senhora" –, Clara se viu obrigada a se ver no espelho realmente tal qual ela é. Teve verdadeiramente de encarnar seu corpo biológico, em vez de se submeter a um programa de antienvelhecimento, aliás, tão acessível em nossos dias. Mas isso não foi possível sem que seu corpo erógeno entrasse em conivência com o tempo presente, num ordenamento que o insere no tempo passado e o projeta no futuro. Podemos dizer que o "*tempo precisou tomar corpo*".

Deixo que Clara diga as últimas palavras: "Olhei para o céu, ontem à noite, da janela lá de casa, disse a mim mesma que estou mais perto da morte que do início da vida. Entendi que, antes, eu tinha medo de morrer, mas também tinha medo de viver; agora, não tenho medo de morrer, talvez porque eu não tenha mais medo de viver".

10. Dora, o grão de areia e a pérola: do transtorno somático à conversão[10]

Introdução

Quando um elemento estranho penetra no interior de uma concha ferindo o frágil tegumento da ostra, esta reage para defender-se encobrindo-o com mantos sucessivos de uma cintilante matéria, o nácar. O foco irritativo, criado, por exemplo, por um grão de areia, é assim protegido, por meio de um processo conhecido como "enquistação", até ser inteiramente recoberto, estrato por estrato, e vir a tornar-se um fascinante e cobiçado objeto, a pérola.

O desdobramento dessa imagem utilizada por Freud é tentador para introduzir uma discussão sobre o caso Dora (Freud, 1905/1972b), preciosa joia da psicanálise, centrada na evolução dos processos conversivos a partir de seus núcleos somáticos. A metáfora aparece acerca dos ataques de tosse e da rouquidão de Dora, cujo sentido sexual é amplamente argumentado, e sobre os quais Freud nos

---

10 Publicado em D. Z. Lora e S. M. Silva, *Retornos do caso Dora*, Porto Alegre: Artes & Ecos, 2020.

indica que, "na camada mais inferior da estratificação, devemos presumir a presença de uma irritação real e organicamente condicionada da garganta, ou seja, *o grão de areia em torno do qual a ostra forma a pérola*" (p. 52).

Essa imagem vai reaparecer alguns anos mais tarde nas *Conferências introdutórias à psicanálise* (1917/1989a), na 24ª conferência ("O estado neurótico comum"), na qual a questão da formação dos sintomas é desenvolvida. Freud evoca as mesclas entre os distúrbios psiconeuróticos e as neuroses atuais e alerta sobre o fato de que raros são os quadros psicopatológicos puros, sublinhando a evidência dos *casos mistos*. Uma nova metáfora naturalista vem apoiar suas ideias, a mineralogia, e uma diferenciação é feita entre os minerais que constituem individualidades bem delimitadas pelo meio ambiente, como os cristais, por exemplo, e as rochas, que se compõem de conglomerados de minerais. Tais conglomerados, "*podemos ter certeza*", diz Freud, "*não vieram a se juntar por acaso, mas em consequência daquilo que determinou sua origem*" (p. 98). Assim se passaria também com a constituição de um sintoma psiconeurótico: um sintoma "atual", inscrito somaticamente, é frequentemente seu primeiro estádio, e as cadeias fantasmáticas que dão seu colorido simbólico vão aos poucos se associando a esse núcleo; a imagem do *grão de areia recoberto de madrepérola* faz assim retorno (p. 99).

O papel das modificações orgânicas e seus efeitos patológicos na formação dos sintomas psíquicos ("*talvez por inflamação ou lesão*") são levados mais além neste texto de 1917. É indicado ali o quanto um impacto da realidade somática pode vir a desencadear uma série de fantasias inconscientes que apenas aguardavam uma ocasião para se expressar. As consequências clinicas desse problema são formuladas: *ao que deve se dar maior importância, à base orgânica ou à ruidosa elaboração neurótica do paciente*? Freud nos alerta da impossibilidade de fazer recomendações gerais para abordar esses casos mistos. No caso Dora ele não vai deixar de apontar, em relação aos seus acessos de tosse, que não "nos contentaremos com uma interpretação psicanalítica, mas indicaremos por trás dela o fator orgânico de que partiu a complacência somática que lhe possibilitou expressar sua afeição pelo ser amado temporariamente ausente" (p. 26).

Por meio da noção de *complacência somática*, cuja importância vai deter nossa atenção neste trabalho, Freud vai revitalizar uma preocupação, presente desde o começo das suas descobertas, com aquilo que estaria "enquistado" no corpo, que ele havia situado num tipo de angústia puramente somática, que ele incluiu na categoria das *neuroses atuais*. Desde 1894 ("Sobre os fundamentos para destacar da neurastenia uma síndrome específica denominada neurose de angústia") já havia sido teoricamente formulado o problema dos distúrbios orgânicos ocasionados por uma *quantidade indiferenciada de excitação não metabolizada psiquicamente*, originada dos *transtornos atuais da atividade sexual*, e, do ponto de vista terapêutico, isso havia sido considerado inalcançável pelo método psicanalítico nascente.

Um divisor de águas delimitava assim o domínio das *neuroses atuais* e seus sintomas corporais produzidos por mecanismos puramente fisiológicos e o domínio das *psiconeuroses de defesa*, regidas por mecanismos psíquicos, responsáveis por sintomas mentais. Ainda que em 1900, com a redação do caso Dora e o contemporâneo compêndio sobre os sonhos, a *Traumdeutung*, Freud avançasse de forma resoluta na direção de sua concepção metapsicológica (sabemos que a publicação do caso devia chamar-se "Sonhos e histeria"), deixando de certa forma latentes as questões de natureza "psicofisiológica" trazidas pelas neuroses atuais, com a introdução da noção de complacência somática, a ancoragem orgânica da sintomatologia psiconeurótica é confirmada. Notemos que em 1917 a presença do *núcleo de angústia atual* será concebida como própria à constituição dos sintomas neuróticos *em geral*, e não somente do sintoma histérico. O que se apresentava até então como ruptura entre dois tipos de funcionamentos pareceria encontrar uma potencial solução de continuidade. Por meio das minuciosas descrições freudianas em Dora sobre o caminho percorrido na histeria, partindo de "algum processo normal ou patológico no interior de um órgão do corpo ou com ele relacionado" (p. 28) até a formação de um sintoma pleno de significados simbólicos, um movimento evolutivo de *transformação* e de *ligação somatopsíquico* é traçado. Voltaremos adiante a essas questões, tentando abrir perspectivas de compreensão sobre o dito processo de ligação somatopsíquica, justamente porque a clínica nos mostra que muitas vezes essa continuidade observada na histeria, em outros quadros clínicos, pode ser rompida.

Nos anos 1950, os psicanalistas fundadores da Escola de Paris de psicossomática se depararam de maneira relativamente heurística com a mesma preocupação do Freud dos primeiríssimos textos: a de distinguir os transtornos devidos às descargas somáticas, como descritos nas neuroses atuais, das manifestações da conversão histérica. A escuta dos pacientes portadores de doenças somáticas abriu um novo campo de pesquisa teórico-clínico e reatualizou o questionamento sobre os destinos da *excitação de origem somática não metabolizada pelas operações psíquicas*.

Num célebre artigo que data de 1968, "O caso Dora e o ponto de vista psicossomático", assinado por Pierre Marty, Michel Fain, Michel de M'Uzan e Christian David, foi apontado o polimorfismo e a heterogeneidade da sintomatologia de Dora: "Se muitos dos transtornos remetem indiscutivelmente ao mecanismo conversivo, outros evocariam de maneira mais plausível a referência às neuroses atuais" (Fain, Marty, M'Uzan & David, 1968, p. 177). O caso Dora estaria situado, segundo esses autores, numa confluência de mecanismos ligados à problemática geral da psicossomática e poderia ser considerado "*um caso misto*". Essa dimensão multiforme da histeria foi igualmente apontada por André Green (2002b) por meio da sua formulação acerca do "quiasma" da histeria, que a situaria numa intersecção entre a neurose e os "estados-limite". Como na vasta categoria dos estados-limite, no campo da psicossomática contemporânea o problema do "trabalho do negativo" (Green, 2002b) e dos efeitos deletérios da pulsão de morte estaria na origem de uma multiplicidade de sintomas que podem coexistir, oscilando entre o polo da psicossexualidade e o da destrutividade.

Assim, uma discussão se abriria sobre *o destino da complacência somática, visto que este seria relativamente incerto* e nem sempre evoluiria para um processo simbolizante, como no caso dos sintomas psiconeuróticos, podendo perdurar como um "enquistamento", foco potencial de distúrbios somáticos propriamente ditos.

Voltando à edificação de uma pérola... Quais seriam então as condições necessárias para que um *foco irritativo*, produzido pelo impacto no organismo de um *quantum* de excitações, endógenas ou exógenas, provenientes da função sexual ou de outras funções biológicas, venha a tingir-se, *estrato por estrato*, pelos matizes perolados da *libido*, índice *qualitativo* de *Eros*, a pulsão de vida cunhada por Freud nos anos 1920? Entre quantidade e qualidade, os gradientes libidinais no destino de cada um vão sempre variar, a marca de Eros poderá se imprimir, ou então a força da destrutividade prevalecerá e, *a partir do grão de areia, a pérola poderá, ou não, se formar.*

Emergência e marcas do corpo pulsional

O fragmento da análise de Dora, apesar de ter sido redigido por volta de 1900, foi publicado somente em 1905, no mesmo ano que os *Três ensaios sobre a teoria da sexualidade*, e podemos identificar, em certas passagens, referências recíprocas implícitas entre esses dois textos, ainda que boa parte do material referente à organização pré-genital da libido tenha sido acrescentada aos *Ensaios* em 1915. A leitura das teorias sexuais infantis, com Dora de pano de fundo como ilustração clínica, tem um sabor especial, e, apesar de não dispormos de muitos elementos sobre sua primeira infância e sermos levados a inferir uma boa parte dos encadeamentos possíveis, vemos emergir nessa "tricotagem" o conceito de *pulsão* (o termo alemão *Trieb* aparece pela primeira vez em 1905, nos *Três ensaios*). Antevemos assim os encadeamentos que iluminam o processo de constituição de um *corpo pulsional* a partir do *corpo biológico* e, ao mesmo tempo, pressentimos suas falhas e destinos singulares

No capítulo acerca das "Manifestações da sexualidade infantil", no segundo dos *Ensaios*, Freud toma o ato de *chupar* (associado ao ato de *sugar com deleite*), presente no lactente, mas podendo persistir por toda a vida, como modelo para demonstrar o quanto a atividade sexual se *apoia* (*Anlehnung*) primeiramente em uma das funções biológicas que servem para a preservação da vida, a função alimentar no caso, para somente depois tornar-se independente desta. O fato de Dora ter sido uma "chupadora de dedo" na infância vai desempenhar um papel central na compreensão de Freud dos seus sintomas conversivos: "A membrana mucosa dos lábios e da boca pode ser considerada como uma *zona erógena primária*, já que parte dessa significação é ainda conservada no beijo tido como normal. A intensa atividade dessa zona erógena em idade precoce constitui, portanto, a condição para a *complacência somática* posterior do trato da membrana mucosa que começa nos lábios" (p. 33). Assim, no caso da nossa histérica, segundo Freud, o encadeamento fantasmático mamilo-polegar-pênis vai se formar, um recalque da representação mental sexual vai ocorrer e este vai se acompanhar de movimentos fisiológicos que correspondem à mobilização dos órgãos e sistemas implicados nas tramas fantasmáticas de Dora, produzindo mucos e, em consequência, sua tosse nervosa.

A noção de *zona erógena*, já esboçada na correspondência com Fliess, articulada com o material clínico de Dora ganha contornos mais precisos e amplos nos *Ensaios*: "Existem zonas erógenas predestinadas, como mostra o exemplo do chupar. Mas esse exemplo ensina também que *qualquer outro ponto da pele ou da mucosa* pode tomar a seu encargo as funções de uma zona erógena" (p. 112). Freud, com o passar do tempo, vai estender a propriedade de "erogenidade" a todos os *órgãos internos* (Freud, 1905/1972c) até vir a declarar como último legado que "o corpo inteiro é uma zona erógena" (Freud, 1938/1989e). Com a definição dos estágios libidinais e das pulsões parciais (oral, anal, urogenital) e suas correspondentes zonas erógenas, foi concebida uma primeira transformação pulsional, a das *funções de autoconservação em pulsões sexuais*. Assim podemos pensar a erogenidade das zonas enraizada em funções fisiológicas específicas, nas quais estão implicados, para além dos orifícios, vários sistemas e órgãos. Poderíamos então avançar que qualquer zona do corpo teria um *potencial histerógeno*.

Devemos considerar, todavia, que o enraizamento somático da sexualidade (biológico, instintivo, filogenético), ou seja, o sexual somático preexistente, ainda que não psíquico, com sua força bruta, pode ser deletério sobre o equilíbrio humano, como atestam as neuroses atuais e, para além delas, as somatizações em geral, como será desenvolvido mais adiante. Um trabalho de *transformação* é exigido para que as excitações venham a tornar-se a energia psíquica que chamamos pulsão, apta a produzir os sintomas da esfera psicossexual como a conversão na histeria. Lembremos a definição que Freud vai dar em 1915 da pulsão como "conceito limite entre o psíquico e o somático" e "medida da exigência de trabalho imposta ao psíquico em consequência de sua relação com o corpo" (p. 169). A metáfora proposta por Christophe Dejours (1989) da roda-d'água que transforma a correnteza que escoa no leito do rio (a excitação sexual somática) em energia utilizável (pulsional) é muito sugestiva. O papel do objeto primário nesse processo é central: podemos representá-lo como a roda-d'água transformadora da energia pulsional.

Os psicanalistas pós-freudianos acentuaram a importância do objeto nesse devir do corpo pulsional, atribuindo a Freud uma posição inconstante durante sua obra acerca da origem da pulsão, mostrando-se muitas vezes solipsista. Jean Laplanche (1987), com sua proposição de um *objeto-fonte*, afirma a origem indubitavelmente externa da pulsão; André Green (1984/1995) propôs a ideia de uma acoplagem *pulsão-objeto*, fazendo do objeto externo o "revelador" da pulsão; Pierre Marty propôs a noção de *função materna* como instância externa de transformação das forças biológicas em uma matéria psíquica; e Michel Fain insistiu sobre a dimensão sexual que contém o investimento materno, responsável pelas transformações pulsionais por meio do que ele denominou, junto com Denise Braunschweig, de *censura da amante*. Por consequência, as especificidades dos investimentos objetais desde o começo da vida (para muitos psicanalistas, desde o projeto de criação de um novo ser) tornam-se decisivas na organização da economia pulsional individual. Assim, como será desenvolvido adiante, a psiconeurose histérica de Dora ganharia ao ser considerada à luz da organização psiconeurótica de seus pais e dos adultos que a rodeavam, bem como das condições de seus primeiros tempos de vida.

Os destinos da irrigação libidinal e de suas vicissitudes descritos nos *Três ensaios* foram essencialmente associados por Freud à constituição das *neuroses* e das *perversões*. O interesse dos psicanalistas pelas *somatoses* levou ao estudo da evolução psicossexual do ponto de vista das falhas no trabalho de "pulsionalização" e dos riscos de "desapoio" das qualidades erógenas das funções corporais, deixando marcas perenes, ou se manifestando pontualmente ao longo da vida. A concepção de uma organização psicossomática regida pelo princípio econômico permitiria pensar a somatização, manifesta nos mais diversos quadros psicopatológicos, como um recurso, ou uma "saída", na medida em que o tratamento psíquico (e/ou comportamental) das excitações (geradas nos momentos críticos da vida) viesse a falhar (ou se esgotar).

Em um volume pioneiro intitulado *A criança e seu corpo* (Kreisler, Fain & Soulé, 1974), foram lançadas as bases da *psicossomática da criança* a partir de um estudo minucioso de quadros clínicos que põem em evidência os transtornos das grandes funções orgânicas, em vias de maturação na primeira infância, como cólicas, vômitos, refluxos, anorexias, mericismo, espasmos do soluço, alergias etc. As falhas na ligação dos imperativos fisiológicos primários aos seus componentes pulsionais aparecem de forma palpável por meio dos casos apresentados. Os quadros patológicos são declinados à luz da perspectiva psicossomática, ou seja, da ênfase dada ao ponto de vista econômico implicado na dinâmica das interações precoces. As falhas da "função materna" interviriam no desenvolvimento das atividades autoeróticas, passagem obrigatória para o deslanche dos processos protossimbólicos e de representação, relativos a cada zona corporal, cujo destino é tornar-se uma zona erógena. Assim, perturbações na instalação dos mecanismos mentais durante a organização dos autoerotismos (a satisfação alucinatória seria o paradigma) desencadeariam transtornos dos mais severos aos mais corriqueiros na construção do corpo pulsional e simultaneamente no corpo biológico. No caso da oralidade, no polo das patologias mais graves, o pequeno mericista, por exemplo, que devolve o bolo alimentar à boca e num movimento de ruminação "faz ir e voltar o objeto", tentaria obter por meio de movimentos fisiológicos o que do ponto de vista psíquico e do jogo (como o "for-da") ele não conseguiria realizar, "pervertendo" assim a autoconservação e pondo em risco sua vida; como pode ocorrer na anorexia mental precoce, nos refluxos graves, nos vômitos psicogênicos etc. No caso de um transtorno de expressão anal, como a encopresia, a perda involuntária (ou voluntária) das fezes por meio de uma utilização inadequada dos esfíncteres denotaria um modo desviado de autoerotismo e um fracasso da organização psíquica do mecanismo de expulsão-retenção objetal, com consequências no nível da formação de estruturas psíquicas essenciais, como o sadomasoquismo, e da organização da pulsão agressiva em geral.

Frequentemente tais quadros patológicos, uma vez inscritos no jogo das relações objetais e assumidos pela *função materna,* passam a ganhar um sentido destinado aos objetos investidos libidinalmente (na transferência, eventualmente, quando se trata de um enquadre analítico), abrindo uma via expressiva por meio de um processo conhecido em psicossomática como *histerização secundária* (Denise Braunschweig). Assim, nas suas primeiras manifestações, os sintomas corresponderiam a uma pura expressão fisiológica de estados de transbordamento de excitações (grãos de areia), vindo a se tornarem simbólicos (pérolas) *em função dos investimentos objetais e seus retornos narcísicos e por consequência da mobilização do sistema representação-afeto produtor de sentido, realizando assim um "salto psíquico"*. As pérolas que poderão se formar representariam um passo adiante na "complexificação pulsional" (Fain). Foi aventada a existência de um *núcleo histérico primário* ou, em outros termos, uma "predisposição histérica presente desde a origem da vida" (R. Debray, 2004).

Não obstante, quando as ligações "pulsionalizantes" entre os processos somáticos e psíquicos não se fazem, ou se fazem de forma insuficiente ou inadequada, os *estados somáticos* podem tornar-se equivalentes a *estados traumáticos*, marcados pela intensa mobilização da sensório-motricidade e do sistema perceptivo, capturados pelo "real" do corpo, em detrimento da psiquização da experiência. Os sintomas, uma vez instalados, podem ser dominados pela compulsão de repetição. Descargas diretas, massivas e repetidas no soma no começo da vida, sem a intermediação de uma função materna reguladora eficaz, podem vir a constituir um verdadeiro estado de *neurose atual primária*, vindo a formar *núcleos traumáticos primários* (Donabedian & Fain, 1996). Essa linhagem corresponde ao que Michel Fain propôs a título de *potencialidade traumática*, terreno propício a futuros transtornos psicossomáticos, a menos que condições favoráveis e "edipizantes" venham mobilizar os ingredientes libidinais (pulsionalizantes) necessários à formação de mecanismos psiconeuróticos eficazes e protetores do soma.

A questão do traumatismo e a citada noção de "neurose atual primária" requer que nos atardemos sobre o remanejamento de Freud da sua teoria da angústia – *Inibição, sintoma e angústia* (Freud, 1926/1989d), que representou um salto metapsicológico considerável que deve aqui ser integrado. Com o famoso artigo de 1926, a antiga *angústia atual* somática (das neuroses atuais) deixou de pertencer exclusivamente à esfera da psicossexualidade e da libido (associada ao sistema prazer/desprazer) e foi assimilada à *angústia automática*, definida como uma resposta espontânea do organismo a uma *situação traumática* (para além do princípio de prazer), cujo paradigma seria o *estado de desamparo* do bebê ante situações traumáticas precoces. Assim, na continuidade das descobertas freudianas acerca das neuroses de guerra (Freud, 1919/1989b), os transbordamentos econômicos do traumatismo, que põem em risco a integridade do aparelho psíquico e a conservação da vida, passaram a ser atribuídos, a partir dos anos 1920, à ação da destrutividade própria à pulsão de morte, desintrincada de Eros, a "nova" pulsão de vida. A concepção econômica das *neuroses atuais* foi então assimilada a um contexto mais amplo, o das *neuroses traumáticas*, Freud tendo encontrado, entre esses dois quadros, características em comum, ou seja, a presença de descargas de excitação manifestadas por transtornos somáticos, concebidos desde então como produtos de uma desintrincação pulsional. Assim, nos estudos psicossomáticos contemporâneos, o problema da somatização, desencadeada em qualquer etapa da vida, é contemplado a partir de uma teoria do traumatismo que inclui a pulsão de morte.

Podemos assim retornar à metáfora *da pérola e do grão de areia* em uma versão concebida a partir da segunda teoria das pulsões. No cerne da pérola, um núcleo traumático se encontraria, um *resto* não simbolizado (Press, 1999), cuja história nos levaria aos primórdios da vida e da emergência da pulsão, assim como às marcas deixadas por traumatismos ulteriores que mobilizariam, não obstante, o mesmo e antigo núcleo: aquele que se constrói a partir das relações aos objetos primeiros, no limiar da experiência de desemparo e da angústia pela conservação da vida.

Dora e seus sintomas: fixação, somatização e conversão

Examinando o leque dos sintomas de Dora, dos puramente orgânicos aos mais conversivos, constatamos que praticamente todos os aparelhos fisiológicos estão envolvidos. Segundo o inventário levantado pelos autores de "O caso Dora e o ponto de vista psicossomático", estariam comprometidos em Dora o sistema urogenital (por meio de enurésia, dismenorreia, leucorreia, eventual ovarite), o respiratório (dispneia ou "pseudoasma", tosse, afonia), o digestivo (gastralgias, constipação, pseudoapendicite, peritilite, tendência anoréxica), assim como o sistema nervoso (enxaquecas, propensão à lipotimia, astenia, disposição depressiva).

Essa constatação requer uma visão global da economia psicossomática da célebre paciente e nos interroga sobre as singularidades da construção do seu corpo pulsional. Para os autores citados, tal tendência à somatização levaria a pensar que, "desde a primeira infância, algo do potencial pulsional da paciente não houvesse sido ligado, organizado, canalizado-drenado pelas vias da representação inconsciente mas que teria se inscrito no seu corpo" (Fain et al., 1968, p. 187).

Muitos dos sintomas acima citados haviam sido alinhados por Freud à série de transtornos típicos das neuroses atuais, mas foram associados em Dora ao seu quadro histérico. Os psicossomaticistas afirmam, de todo modo, que não são os sintomas que seriam histéricos ou "psicossomáticos", ou seja, que enviariam a um significado simbólico, ou atestariam, ao contrário, uma incapacidade de simbolizar. Estes seriam apreciados em função das *variações do funcionamento mental* do paciente e de suas possibilidades de dar um tratamento psíquico adequado aos eventos traumáticos que lhe sucedem, dos mais leves aos mais graves, por meio das diversas operações de mentalização (representação, simbolização, onirismo etc.). As descargas por meio dos atos e da sensório-motricidade assim como das somatizações seriam as vias paralelas de escoamento daquilo que não teria sido suficientemente ligado pela via psíquica. Dois processos de somatização foram descritos por Pierre Marty: as *regressões* e as desorganizações. As regressões correspondem a descargas somáticas parciais e localizadas, que se manifestam por meio de crises limitadas a uma função fisiológica ou um sistema funcional, que são reversíveis e não necessariamente evolutivas; e as *desorganizações* ditas "progressivas" são as doenças graves, duráveis e evolutivas, que podem representar um risco vital.

As somatizações de Dora pertencem à primeira das categorias citadas, a das regressões, sendo que estas se articulam a um outro mecanismo, o de fixação. As *fixações somáticas* foram definidas como uma extensão da noção freudiana de traços mnésicos (Marty, 1976), podendo se inscrever no nível somático. Essas fixações funcionais, a exemplo das fixações libidinais classicamente descritas (orais, anais etc.) que correspondem a particularidades psíquicas do indivíduo, constituiriam um mapeamento de suas particularidades orgânicas. Segundo as especulações de Marty, as crises repetitivas ligadas a certas funções somáticas (digestivas, respiratórias, alérgicas, dolorosas etc.) que ocorrem regularmente e fazem parte da vida e da organização psicossomática de cada um têm um potencial defensivo e reorganizador. Assim, diante de fatores de diversas ordens, internos e/ou externos, produzindo um efeito perturbador na economia pulsional do sujeito, um movimento de regressão somática, desencadeando, por exemplo, uma baixa do sistema imunológico, ou outro processo fisiológico (sanguíneo, endocrinológico etc.), permitiria uma regulação pontual da organização psicossomática global, pela absorção de um *quantum* de excitação em suspensão (podemos dizer, desintrincado) que seria assim "esponjado". Os retornos regressivos reiterados a essas funções em causa e repetidamente excitadas criariam progressivamente os pontos de fixação (Fain et al., 1968, p. 121).

As fixações na teoria psicossomática seriam equivalentes à complacência somática freudiana. Elas constituem pontos de apelo para que ligações de sentido se façam, sendo assim potencialmente simbolizantes. Aí se encontra o caráter reorganizador dos movimentos de regressão-fixação: quando o funcionamento mental de um sujeito o permite, eles inscrevem o enfermar em cadeias de significados e em polos de atração libidinal. Dora nos oferece uma magnífica ilustração desse processo, visto que ricos ingredientes libidinais se encontravam presentes no seu psiquismo, prontos a dar um "salto no somático", utilizando para tal os pontos de fixação que se mostrassem "complacentes" e "dispostos" a expressar suas fantasias sexuais inconscientes. Esse material psíquico foi amplamente mobilizado e transformado por meio das interpretações e construções de Freud, durante seu curto mas intenso processo analítico.

Para o mestre, não há equívoco: "o sintoma de conversão histérica não traz *em si* um sentido, . . . este lhe é emprestado, soldado a ele, por assim dizer, e em cada caso pode ser diferente, segundo a natureza dos pensamentos suprimidos que lutam por se expressar" (Freud, [1901]1905/1972b, p. 26). Assim, uma vez facilitada uma via de descarga, "uma nova fonte excitante poderá utilizar a via já traçada, a parte somática sendo a mais estável, enquanto a psíquica, através de novas associações, pode variar". Isso faria o sintoma na histeria ser comparado "a um odre velho repleto de vinho novo" (p. 34).

Dora, paciente psicossomática

À luz dos parâmetros habituais considerados na clínica psicossomática, a impressão imediata diante do material clínico de uma adolescente como Dora aponta a presença de uma nuvem sombria pairando sobre sua família, que contrasta com o colorido do material sexual exposto em primeiro plano. Por sombria entendo a presença surda de uma atmosfera mortífera, podendo ter exercido, ao longo da vida, uma insidiosa pressão *traumática* no desenvolvimento da jovem paciente.

O pai de Dora era um homem gravemente enfermo do ponto de vista somático, e sua mãe, seriamente comprometida do ponto de vista psíquico. Apesar do desencadeamento da tuberculose do seu pai ter se situado quando Dora ia pelos seus 5, 6 anos, levando--os a se mudarem para uma casa na montanha, sua infecção sifilítica já havia ocorrido antes do seu casamento e era fato conhecido. A sífilis e a tuberculose eram doenças marcadas pelo símbolo do ceifador no final do século XIX. Paralisias, estados confusionais, descolamento da retina, associados às tosses, falta de ar, cansaço, febres etc., assim como a impotência sexual igualmente evocada, são elementos que contrastam com a visão do homem sedutor, amante ardiloso de Mme K e galanteador das mulheres em volta, como a governanta de Dora, ou das moças dos lupanares, onde contraiu sua sífilis. De sua família sabemos que o irmão era um grande hipocondríaco e que a irmã, a tia a quem Dora era muito apegada e tinha como modelo, morreu cedo, de morte misteriosa; quanto à família materna nada sabemos, além de que pertenciam igualmente a uma família afortunada. Nesse quadro geral, como podemos inferir, o infortúnio da relação conjugal entre seus pais era patente; a desqualificação da mãe de Dora, beirando o desprezo, por todos em volta salta aos olhos, e o estilo do seu pai, sempre pronto a defender seus próprios interesses, muito rico e ausente por razões de negócios, até vir a tornar-se um homem doente, nos incita a refletir sobre as consequências desse contexto sobre Dora e seu irmão, um ano e meio mais velho que ela. As características da *função materna*, exercida não apenas pela mãe, mas pelos adultos à sua volta, durante seus primeiros anos de vida, interessariam sobremaneira, à luz de suas dimensões complementares de paraexcitação e de libidinização (Tabacof, 2020), pilares da organização psicossomática.

Dispomos de poucos elementos referentes à primeira infância de Dora, e um exercício especulativo se impõe para arriscarmos tal leitura, mas podemos contemplar em particular o papel da mãe de Dora, cuja problemática de natureza anal-obsessiva se evidencia por meio do que Freud chamou de "psicose da dona de casa". Sua compulsão de limpeza, impedindo o uso dos objetos domésticos ou a entrada de visitantes na casa, interpela sua relação com seu próprio corpo e com as zonas corporais dos seus filhos, diante da realidade do *inter urinas et faeces nascimur*, e do necessário contrainvestimento das suas próprias excitações no exercício do controle exercido, por exemplo, na aprendizagem das práticas de higiene dos filhos. *Quid* das relações "corpo a corpo", entre mãe e filha, na sua dimensão de *filtro* e *envelope*, própria à instância de paraexcitação, necessária à transformação e à ligação libidinal das zonas em vias de erogenização? Entre comportamentos obsessivos e um eventual componente fóbico, infiltrados pelas fantasias de contaminação infecciosa, imaginamos o quanto as mensagens carregadas de representações da sexualidade comportando riscos de morte podem ter participado das múltiplas formas de comunicação materna, verbais e não verbais, intervindo nos processos do apoio erótico sobre as funções corporais. O nojo e a repugnância associados à sexualidade alimentam a impressão de um corpo erógeno infiltrado de fantasias anais e de uma pulsionalidade tingida de elementos tanáticos. É interessante notar que tanto Dora quanto a sua mãe, segundo um artigo tratando da vida de Ida Bauer, *alias* Dora, morreram de câncer de cólon (Moreaud Ricaud, 2009).

Podemos supor que Dora tenha vivido em um clima de sobre-excitação permanente (a figura da "confusão de línguas entre os adultos e as crianças", de Ferenczi, parece constante) e questionar a funcionalidade do seu aparelho psíquico em vias de construção na transformação de sua excitação sexual somática em pulsões eficazes, garantindo uma boa base de recalque durante sua primeira infância. Nessa rica família burguesa, a presença de empregados (talvez de amas de leite) era sem dúvida uma peça-chave no trato com os filhos; nas associações aportadas por Dora, a atenção e o interesse de sua governanta por ela estavam condicionados à atração sexual desta pelo seu pai. A governanta parece haver contribuído à sobrecarga de uma excitação sexual dificilmente elaborada e insuficientemente ligada pela menina, mediante casos contados e leituras sugeridas, deixando em suspensão *um excesso* sempre ativo necessitando descarga, por meio, por exemplo, da enurese noturna em torno dos seus 7, 8 anos, que a prática da masturbação de Dora não conseguira absorver. Diz também o relato que seu pai era quem a conduzia à noite ao toalete e que se ocupava do problema "do pipi", o que contribuiria à excitação característica desse quadro. O irmão de Dora teria sido igualmente enurético até seus 8, 9 anos, muitas vezes durante o dia também, corroborando o conflito continência/incontinência, limpo/sujo, controle/descontrole, reinante na família.

Dora evoca suas doenças infantis dizendo que as contraía sempre depois do irmão, em uma "versão mais grave". Um aparte pode ser feito aqui acerca dos "motivos" da doença, adicionado por Freud ao texto em uma nota de 1923. Motivos primários ou benefícios secundários, os interesses psíquicos das somatizações não escaparam a Freud, ligados à mobilização de investimentos objetais e coletivos em torno do doente. Em função dos diversos "motivos", a doença "adquire uma *função secundária* e fica como que ancorada na vida anímica" ([1901]1905/1972b, p. 27). Esse desenvolvimento corrobora as ideias acima evocadas relativas à constituição de patamares de fixação e dos movimentos de fixação-regressão, assim como do caráter "expressivo" das doenças que passariam a adquirir uma "função secundária" e a ter um papel na vida relacional de Dora.

Apesar de toda a superestrutura neurótica que Dora pôde construir, a presença de um frágil núcleo narcísico pode ser entrevista na sua organização, complexificando a compreensão do seu quadro. A partir dos elementos inferidos sobre sua infância, emerge uma impressão de que algo teria sido de certa forma insatisfatório no caso de Dora; tratar-se-ia de um afeto particularmente importante no processo de dessexualização/ressexualização: a ternura materna. Aquela que, ao mesmo tempo, constitui um envelope de segurança e de amor-próprio, ajudando a criança na redução das angústias e na regulação do campo econômico; e permite, no campo psicodinâmico, a integração de uma mensagem estruturante de castração em um nível edipiano precoce, apta a produzir um sólido recalque, conhecido em psicossomática como "censura da amante" (Braunschweig & Fain, 1975). Ao cobrir a criança com sua ternura, que resulta da sua própria excitação sexual sublimada (Green, 1997), a mãe a protege da castração paterna (do terceiro) e o designa ao mesmo tempo como objeto do seu desejo adulto. Algo parece duvidoso na integração no nível primário dessa fantasia em Dora, fantasia que assegura a exclusão da criança de uma relação sexual prazerosa entre seus pais. Se podemos ousar tal hipótese, considerando ter havido uma dissensão entre seus pais no plano libidinal resultando na constituição de "dois pares", conforme nos aponta Freud, Dora e seu pai (Dora, ocupando o lugar materno), seu irmão e sua mãe (como nos é indicado), suporíamos que a organização de uma triangulação erótica "edipizante" teria sido atravessada por grandes dificuldades e sua consolidação somente ocorreria num segundo momento, por meio do encontro com o casal K na pré-adolescência, Sra. K ocupando o lugar da amante, investida eroticamente pelo pai. Questões: o fantasma sexual ligado ao coito parental que Freud atribui à Dora, quando, durante uma excursão à montanha, em torno dos 8 anos, ela teve sua primeira crise do tipo dispneica (associada na sessão de análise à respiração ofegante do pai durante o coito e também à sua tuberculose), enviaria às relações sexuais entre seus pais ou entre seu pai e a Sra. K, que já participava da cena familial? Ou deste com as portadoras das doenças venéreas do passado? Quem seria o objeto erótico do seu pai? Ela mesma? Investida precocemente pelo pai como confidente de suas frustrações com a mãe? Em todo caso, a equação simbólica ligada à cena primitiva e ao coito parental deveria ser concebida não apenas a partir do psiquismo de Dora e de fantasias "inatas" ou "filogenéticas", mas a partir do lugar no qual os adultos no seu papel de sedutores (ou abandônicos, controladores etc.) a colocaram, Freud inclusive, na transferência. No que tange à representação da sexualidade parental, a partir dos elementos inferidos, esta estaria, ao que parece, impregnada de um teor sadomasoquista, seu pai como detentor de um sêmen contagioso e portador de doenças mortais, sua mãe tendo sido submetida a tal condição, tornando-se depositária do "mal familiar" e vítima de uma condição de mulher traída, produzindo, por consequência, representações do casal sobrecarregadas de negatividade e uma imago materna pouco estruturante e inapta ao trabalho identificatório.

Ainda do ponto de vista da organização precoce de sua psicossexualidade, dando asas a esse exercício especulativo, podemos supor que a imagem fornecida por Dora na qual ela estaria, entre 3 ou 4 anos, sentada no canto do assoalho ao lado do irmão, *chupando dedo* e ao mesmo tempo acariciando a orelha dele, não evocaria somente um momento *autoerótico* com uma nota incestuosa, na qual, sob o signo da alucinação do seio materno, uma ampliação do seu universo fantasmático se faria: essa imagem poderia indicar igualmente um momento de solidão, de tonalidade depressiva, no qual duas criancinhas se apoiam reciprocamente uma na outra, na falta talvez de um envelope de continência assegurado pelos adultos. Dimensão incestuosa, talvez, mas baseada na necessidade de um prolongamento do corpo da menina em um objeto externo vivido como parte de si, o irmão, substituindo o corpo materno.

Dora, "*chupadora de dedo*" durante muitos anos, teria utilizado esse procedimento para satisfazer-se e devanear, ou uma parte do procedimento serviria para *acalmar-se* por meio de uma descarga sensório-motora, sempre insatisfeita e necessitando ser incessantemente renovada? O *foco irritativo* que teria se inscrito nos lábios e garganta poderia advir precisamente de uma *insuficiência* de experiências alucinatórias de satisfação irrigadas por representações advindas do inconsciente materno (incluindo seu marido/amante), ligadas ao prazer, à bissexualidade psíquica e produtoras de um sólido inconsciente recalcado. Uma brecha, por consequência, se abriria à infiltração de mensagens "*intoxicadas*" pelas dificuldades próprias a sua mãe e à configuração psíquica do casal, favorecendo a fabricação de um "*resto*" de excitação, desligado de Eros e em busca constante e repetitiva de ligação. O autoerotismo prolongado de Dora, "chupadora de dedo", poderia conter uma dimensão *autocalmante* (Smadja, 1995; Szwec, 1998) de um foco de excitação somática (*um grão de areia*), equivalente a um estado de angústia atual, na sua versão traumática, na espera de um encadeamento fantasmático eficaz para ser pulsionalmente ligado (*e vir a tornar-se uma pérola*), podendo então ser superado e abandonado, permitindo-lhe prosseguir em sua evolução libidinal.

A intensa paixão de Dora pelo seu pai poderia então incluir um núcleo de dependência, sequela de sua dificuldade de identificação/interiorização no contexto de uma relação materna relativamente deficitária, acentuando na sua fixação oral a dimensão anaclítica e preparando a fantasia de felação que emergirá ulteriormente, no *après-coup* da adolescência, como expressão de uma oralidade insatisfeita. Os autores do texto citado ("O caso Dora e o ponto de vista psicossomático") identificaram na paciente um núcleo "alérgico" (Marty, 1958) que implicaria uma identificação ao objeto de tipo narcísica, um tipo de identificação total, que faria que Dora tivesse "mimetizado" com a sua tosse a tuberculose do pai, tratando-se, porém, de um mimetismo alérgico, como um "duplo do outro", devido ao fracasso de uma organização triangular estruturante, logo não propriamente histérico na sua origem. Essa linhagem alérgica atribuída a Dora seria relativa aos seus sintomas dispneicos asmatiformes aos 8 anos de idade, assim como a enxaqueca que se desencadeou aos 12 anos, durante o período em que o pai desenvolveu um sintoma confusional. Esses sintomas somáticos, na linha proposta pelos citados autores, seriam manifestações do excesso de excitações não metabolizadas, produto da pressão exercida sobre sua economia psicossomática, que procederiam de conflitos irrepresentáveis, pois não edificados sobre uma base triangular estável. Essa construção pressuporia a existência de um *fundo traumático atual* mobilizado pela ameaça de morte do seu pai doente, reativando esse núcleo traumático primário, de ameaça de perda de si mesma, junto com a ameaça de perda do objeto anaclítico, produzindo uma necessidade de "se agarrar ao pai", como uma defesa primária de "se colocar na pele do outro" para "salvar a sua pele" (Tabacof, 2019).

Contudo, com a entrada na puberdade, Dora vai verdadeiramente se "histerizar". O encontro com a Sra. K, amiga/enfermeira/amante do seu pai, vai propiciar à jovem adolescente novas condições de construção de seu narcisismo feminino. "A pele alva" muito louvada dessa mulher tão mais terna e acessível que sua mãe, as "trocas íntimas" que tiveram, puderam oferecer a Dora, no seio de uma homossexualidade reparadora, um novo modelo identificatório. A "trama" dos amores de seu pai e a Sra. K e a intensa sedução, a um ponto abusivo, do Sr. K vão constituir um vasto repertório de representações e afetos apto a fornecer os elementos de ligação libidinal às descargas de excitação sexual sempre ativas e transbordantes, alimentando o corpo erótico da adolescente, ainda que muitas vezes também desestabilizando seu frágil equilíbrio psicossomático... Dora teria sido penetrada por fantasias sexuais altamente excitantes, ligadas a comportamentos sexuais exibidos, relatados, lidos, vividos, imaginados ou forçados. A partir do primeiro e vacilante triângulo formado por Dora, seu pai e sua mãe, outros vão se formar entre Dora, seu pai e Sra. K ; Dora, Sr. K e Sra. K; Dora, seu pai e Sr. K; e entre Dora, sua mãe e Sra. K... Figuras compostas e complexas, sempre tributárias do balanceio pulsional das forças eróticas e seu potencial de destrutividade, devido aos excessos de excitação mobilizados no atual do tempo vivido, reativando constantemente núcleos traumáticos antigos, grãos de areia, recobertos pelas camadas libidinais cintilantes, formadas no decurso dos seus investimentos narcísicos e objetais.

Seus sintomas funcionais somáticos, sempre presentes, suas *regressões somáticas* conforme a classificação psicossomática, muitas vezes desencadeados por eventos traumáticos (desmaios, após as brigas dos pais, apendicite, após a morte da tia, e outros tantos que não puderam ser aqui trabalhados), tornar-se-ão cada vez mais aptos a serem simbolizados, transformando-se em meios expressão de conflitos formulados em termos de desejo e culpabilidade, em sintomas verdadeiramente histéricos. O risco de desorganização somática (escapando ao trabalho de ligação simbólica ao qual ela mostrou-se totalmente capaz na psicanálise com Freud) deve ter estado presente ao longo da vida de Dora, sem que tenhamos elementos para sabê-lo, com exceção do câncer de cólon, aos 63 anos, de acordo com o que se sabe sobre a vida de Ida Bauer. Sabe-se também, por outro lado, que, apesar da complexa equação entre o feminino e o materno, em 1905, ano em que Freud publicou seu caso, Ida Bauer deu à luz seu filho Kurt, que, pelo que consta, teve uma brilhante carreira como maestro (Fain et al., 1968, p. 38).

Fica posta em discussão a ideia avançada pelos psicossomaticistas no artigo já citado, e aqui articulada à novas proposições, de uma função defensiva da neurose histérica de Dora, não somente contra seus conflitos de natureza erótica, implicando a problemática de cena primitiva e seus desejos edipianos, mas também constituindo um sistema de contrainvestimento da angústia traumática ligada a um núcleo infantil, reatualizada pela ameaça de morte do seu pai. Segundo Michel Fain, Dora mobilizaria constantemente seu conflito erótico para se proteger da realidade *atual* da doença do pai (e, adiciono, da contaminação da sua mãe), e suas defesas histéricas constituiriam dessa forma um sistema protetor de "paraexcitação". A superestrutura psiconeurótica visaria assim proteger um núcleo traumático, o "resto" não psiquizado, que ameaçaria constantemente o sentimento de unidade do seu *eu*, alimentando igualmente um núcleo depressivo, contra o qual ela teria lutado.

Em conclusão: sobre pérolas e caixas de joias

O fio que corre no material de Dora desde o chupar do mamilo nutriente, a sua reprodução autocalmante/autoerótica do chupar dedo, passando pela dispneia associada à morte do pai/respiração orgástica deste, até a produção da tosse nervosa e de um catarro condensando tuberculose/sexo oral/doenças venéreas durante a adolescência perpassa os estratos simbolizantes que vão formar não apenas uma bela pérola, mas um verdadeiro diadema que vai coroar a psiconeurose histérica de Dora.

Joias e caixas de joias têm um papel significativo nesse historial clínico e circulam entre os nossos personagens. No primeiro dos dois sonhos, pouco evocados aqui, mas centrais na análise de Dora, destaca-se a preocupação de sua mãe em salvar sua "caixa de joias" ("símbolo corriqueiro da genitália feminina", diz Freud), enquanto a casa da família pegava fogo... Já no segundo dos sonhos, é o tema da morte do pai que emerge, assim como, por meio das interpretações de Freud, o tema da genitália feminina e de sua defloração. Em particular no primeiro sonho, vemos que, do fundo do psiquismo de Dora, uma pressão se exerce para trazer à luz por meio de uma formação simbólica (a caixa de joias) aquilo que, para Braunschweig e Fain (1971), constitui o "forro" do inconsciente: "o recalque primário da vagina materna" (corolário da "censura da amante"), do que dependem, de certa forma, a edificação e a estabilidade da vida pulsional. Ora, com Dora, sabemos que nem tudo se sucedeu de maneira que assegurasse o "silêncio" do inconsciente recalcado e de sua estabilidade pulsional... muito pelo contrário.

Por meio dos sonhos e ao longo das associações da paciente e das rebuscadas interpretações do mestre, os "cofres" se abriram. Um episódio particularmente eloquente foi evocado a partir da imagem da "caixa de joias em perigo", no qual sua mãe havia pedido ao seu pai *pérolas em forma de gota*s para usá-las como brincos, e ele, em vez de satisfazê-la, ofereceu-lhe uma outra joia no lugar das pérolas desejadas, uma pulseira que ela recusou furiosamente, dizendo que não era o que queria e que, visto o dinheiro que havia gasto, ele poderia oferecê-la a uma outra mulher. A interpretação do simbolismo das *gotas-joias* (*Schmucktropfen*) é uma verdadeira obra de ourivesaria do Freud-artesão e indica a complexidade da fantasia da cena primitiva em jogo na análise de Dora: esta enviaria ao líquido seminal paterno em forma de gotas, e indicaria também o adoecimento da mãe pela contaminação de suas doenças venéreas, responsável pelas suas dores no baixo-ventre e seu catarro vaginal, assim como de sua terrível mania de limpeza e, talvez ainda mais globalmente, adiciono, daquilo que a havia tornado uma mulher tão amarga.

Dora teria desejado que seu pai a presenteasse com essas pérolas, as "gotas-joias", interpreta Freud, bem como gostaria que ele a molhasse como ele molhava sua mãe e como ela molhava a cama com seu pipi quando se masturbava quando criança... Avança assim progressivamente o mestre, perlaborando a trama edipiana de sua jovem paciente, num texto que somente sua leitura detalhada pode honrar. Estratos simbólicos vão sendo atravessados, ligando as fontes atuais às fontes infantis da psicossexualidade de Dora, até que uma tradução semântica de sua conversão histérica é proposta, podendo ser resumida assim: "*Sou a filha de papai. Como ele, tenho um catarro. Ele me fez adoecer, assim como fez mamãe adoecer. Tenho dele as paixões pérfidas que são castigadas pela doença*" (Fain et al., 1968, p. 52). Notemos a integração da dimensão do sentimento de culpa e da castração nesta interpretação (ser castigada pela doença), ligação indispensável à intrincação pulsional desse material cujo teor em destrutividade é flagrante, a tensão entre amor e morte podendo a qualquer momento desencadear a desintrincação pulsional, origem de todos os riscos psicopatológicos e psicossomáticos, com os quais flerta nossa cara Dora.

Para concluir, lembremos que, por obra da "feiticeira metapsicologia", o "grão de areia" retorna em um dos últimos textos de Freud - *Análise terminável e interminável* (Freud, 1937/1980), sob forma do intransponível *rochedo biológico*, representado pela anatomia e pela diferença de sexos: para o campo psíquico, o campo biológico desempenha realmente o papel de fundo subjacente. A recusa da passividade (do feminino nos dois sexos) diante da força da excitação é evocada por Freud como constitutiva. A metáfora mineral é mais uma vez convocada em referência ao fator biológico, responsável pelas mais severas resistências na análise. Aqui se abrem as mais palpitantes discussões sobre a técnica psicanalítica, para as quais a psicossomática psicanalítica aporta inestimáveis contribuições, que poderiam certamente participar do debate a respeito da súbita interrupção de Dora do seu tratamento com o mestre.

Referências

Aisenstein, M. (1990). À propos de la dissidence, quelques variations sur excitation et désintrication pulsionnelle. *Revue Française de Psychanalyse, 3*, 639-650.

Aisenstein, M. (2010). Les exigences de la représentation. *Revue Française de Psychanalyse, 5*(74), 1365-1392.

Ameisen, J.-C. (1999). *La sculpture du vivant. Le suicide cellulaire ou la mort créatrice.* Paris: Seuil.

Asséo, R. (2009). La prudence du démineur. *Revue Française de Psychosomatique, 1*(35), 113-120.

Bokanowski, T. (2000). Regards sur le traumatisme en psychanalyse: une perspective historique. *Actualités psychosomatiques, 3.*

Bokanowski, T. (2002). Traumatisme, traumatique, trauma. *Revue Française de Psychanalyse, 3*(66), 745-757.

Botella, C. (1992). Névrose traumatique et cohérence psychique. *Revue Française de Psychosomatique, 2.*

Botella, C. (2001). Figurabilité et régrédience. *Revue Française de Psychanalyse*, *4*(65), 1149-1239.

Botella, C. (2014). De l'"attention flottante" de Freud à l'"expression associative" de Marty. *Revue Française de Psychosomatique*, *1*(45), 83-102.

Botella, C., & Botella, S. (1989). La problématique de la régression formelle de la pensée et de l'hallucinatoire. *Revue Française de Psychanalyse*, 63-90.

Botella, C., & Botella, S. (1995). La dynamique du double: animique, auto-érotique, narcissique: le travail en double. In C. Couvreur, A. Fine, & A. Le Guen (Orgs.), *Le double* (pp. 65-82) (Monographies de Psychanalyse). Paris: PUF.

Botella, C., & Botella, S. (2007). *La Figurabilité Psychique*. Paris: In Press.

Botella, S. (2013). La mémoire du rêve: un conflit épistémique dans la théorie freudienne. *Revue Française de Psychanalyse*, *77*, 1.

Bouvet, M. (2006). *La relation d'objet* (Fil Rouge). Paris: PUF. (Trabalho original publicado em 1958.)

Braunschweig, D. (1993). Implications techniques de la théorie en psychosomatique. *Revue Française de Psychosomatique*, *3*.

Braunschweig, D. (1996). Discussion. *Revue Française de Psychosomatique*, *9*, 55-62.

Braunschweig, D., & Fain, M. (1971). *Eros et Anteros*. Paris: Payot.

Braunschweig, D., & Fain, M. (1975). *La nuit, le jour. Essai psychanalytique sur le fonctionnement mental*. Paris: PUF.

De M'Uzan, M. (1977). Le travail du Trépas. In *De l'art à la mort* (n. 45, pp. 41-75). Paris: Gallimard.

De M'Uzan, M. (1994). Esclaves de la quantité. In *La bouche de l'inconscient.* Paris: Gallimard. (Trabalho original publicado em 1984.)

De M'Uzan, M. (2005). *Aux confins de l'identité.* Paris: Gallimard.

De M'Uzan, M. (2009). Cinquante ans après... *Revue française de psychosomatique, 1*(35), 9-15.

Debray, R. (2004). Hystérie et somatisation. Réflexions à propos d'un cas de spasme du sanglot. *Revue Française de Psychosomatique, 25,* 81-97.

Debray, R., & Belot, R. A. (2008). *La psychosomatique du bébé* (Fil Rouge). Paris: PUF.

Dechaud-Ferbus, M., & Roux, M.-L. (1993). *Le corps dans la psyché: psychothérapie de relaxation.* Paris: L'Harmattan.

Dejours, C. (1986). *Le corps entre biologie et psychanalyse. Essai d'interprétation comparée.* Paris: Payot.

Dejours, C. (1989). *Recherches Psychanalytiques sur le Corps, Répression et Subversion libidinale.* Paris: Payot.

Dejours, C. (1993). Corps dans l'interprétation. *Revue Française de Psychosomatique, 3,* 109-120.

Dejours, C. (2001). *Le corps, d'abord – Corps biologique, corps érotique et sens moral.* Paris: Payot.

Dejours, C. (2013). Préface. In S. Freud, *La technique psychanalytique.* Paris: PUF.

Deloürmel, C. (2014). Affect et pulsions en médecine et en psychosomatique: questions cliniques, théoriques et *épistémologiques. Revue Française de Psychosomatique, 1.*

Delourmel, C. (2015). Face à face psychanalytique et réfléxivité psychique. *Revue Française de Psychanalyse, 69*(2).

Donabedian, D., & Fain, M. (1996). Névrose actuelle primaire. *Revue Française de Psychosomatique, 9*, 63-67.

Fain, M. (1969). Réflexions sur la structure allergique. *Revue Française de Psychanalyse, XXXIII*, 2, mars-avril.

Fain, M. (1971). Prélude à la vie fantasmatique. *Revue Française de Psychanalyse*, 3-4, 291-364.

Fain, M. (1981). Vers une conception psychosomatique de l'inconscient. *Revue française de psychanalyse, 2*, 281-292.

Fain, M. (1982). *Le désir de l'interprète*. Paris: Aubier-Montaigne.

Fain, M. (1984). Du corps érotique au corps malade: complexité de ce passage. In M. Fain, & C. Dejours, *Corps malade et corps* érotique. Paris: Masson.

Fain, M. (1991). Préambule à une étude métapsychologique de la vie opératoire. *Revue Française de Psychosomatique, 1*, 59-79.

Fain, M. (1992). La vie opératoire et les potentialités de névrose traumatique. *Revue Française de Psychosomatique, 2*, 5-24.

Fain, M. (1993). Spéculations métapsychologiques sur les procédés autocalmants. *Revue Française de Psychosomatique, 4*, 60.

Fain, M. (1998). Vie et impératif de désinvestissement. In A. Fine, & J. Schaeffer (Orgs.), *Interrogations psychosomatiques, Monographies de la Revue Française de Psychanalyse*. Paris: PUF.

Fain, M. (2001a). La fonction maternelle selon Pierre Marty. *Revue Française de Psychosomatique, 20*, 47-52.

Fain, M. (2001b). Mentalisation et passivité. *Revue Française de Psychosomatique, 19*.

Fain, M., & David, C. (1963). Aspects fonctionnels de la vie onirique. In *Rapport au XXIIIème Congrès de langue romane*. RFP, spécial congrès.

Fain, M., Marty, P., De M'Uzan, M., & David, C. (1968). Le cas Dora et le point de vue psychosomatique. *Revue Française de Psychanalyse, 4* [republicado em *Revue française de psychosomatique, 12*, 165-199, 1997].

Ferenczi, S. (1932). *Journal clinique, janvier-octobre 1932*. Paris: Payot.

Ferenczi, S. (1974). Thalassa, essai sur la génitalité. In *Œuvres complètes* (T. III: *1919-1926*). Paris, Payot. (Trabalho original publicado em 1924.)

Ferenczi, S. (1982a). *Psychanalyse IV*. Paris: Payot. (Trabalho original publicado em 1927.)

Ferenczi, S. (1982b). Réflexions sur le traumatisme. In *Psychanalyse IV, 1927-1934* (pp. 139-147). Paris: Payot. (Trabalho original publicado em 1934.)

Ferenczi, S. (1992). Reflexões sobre o trauma. In *Psicanálise IV*. São Paulo: Martins Fontes. (Trabalho original publicado em 1934.)

Ferenczi, S., & Rank, O. (1994). *Perspectives de la psychanalyse*. Paris: Payot. (Trabalho original publicado em 1922.)

Freud, S. (1967). *Abrégé de psychanalyse*. Paris: PUF. (Trabalho original publicado em 1938.)

Freud, S. (1972a). A interpretação dos sonhos. In *ESB* (Vol. VI). Rio de Janeiro: Imago. (Trabalho original publicado em 1900.)

Freud, S. (1972b). Fragmento da análise de um caso de histeria. In *ESB* (Vol. VII). Rio de Janeiro: Imago, 1972. (Trabalho original publicado em [1901]1905.)

Freud, S. (1972c). *Três ensaios sobre a teoria da sexualidade*. In *ESB* (Vol. VII). Rio de Janeiro: Imago. (Trabalho original publicado em 1905.)

Freud, S. (1980). Análise terminável e interminável. In *ESB* (Vol. XXIII). Rio de Janeiro: Imago. (Trabalho original publicado em 1937.)

Freud, S. (1987). *Trois essais sur la théorie sexuelle*. Paris: Gallimard (Trabalho original publicado em 1905.)

Freud, S. (1988). Pulsions et destins des pulsions. In *OCF.P* (Vol. XIII, pp. 163-188). (Trabalho original publicado em 1915.)

Freud, S. (1989a). Conferência XXIV: o estado neurótico comum. In *ESB* (Vol. XVI). Rio de Janeiro: Imago. (Trabalho original publicado em 1917.)

Freud, S (1989b). Introdução à psicanálise e às neuroses de guerra. In *ESB* (Vol. XVII). Rio de Janeiro: Imago. (Trabalho original publicado em 1919.)

Freud, S. (1989c). Além do princípio de prazer. In *ESB* (Vol. XVIII). Rio de Janeiro: Imago. (Trabalho original publicado em 1920.)

Freud, S. (1989d). Inibição, sintomas e ansiedade. In *ESB* (Vol. XX). Rio de Janeiro: Imago. (Trabalho original publicado em 1926.)

Freud, S. (1989e). Esboço de psicanálise. In *ESB* (Vol. XXIII). Rio de Janeiro: Imago. (Trabalho original publicado em 1938.)

Freud, S. (1991). Le moi et le ça. In *OCF* (Vol. XVI: *1921-1923*). Paris: PUF. (Trabalho original publicado em 1923.)

Freud, S. (1992a). Le problème économique du masochisme. In *OCF.P* (Vol. XVII). Paris: PUF. (Trabalho original publicado em 1924.)

Freud, S. (1992b). Inhibition, symptôme et angoisse. In *OCF.P* (Vol. XVII, pp. 203-286). (Trabalho original publicado em 1926.)

Freud, S. (1995a). Nouvelles leçons d'introduction à la psychanalyse. In *OCF.P* (Vol. XIX). Paris: PUF. (Trabalho original publicado em 1932.)

Freud, S. (1995b). Sandor Ferenczi. In *OCF.P* (Vol. XIX, pp. 311-114). Paris: PUF. (Trabalho original publicado em 1933.)

Freud, S. (1996). Sobre os fundamentos para destacar da neurastenia uma síndrome específica denominada "neurose de angústia". In *ESB* (Vol. III). Rio de Janeiro: Imago. (Trabalho original publicado em 1895).

Freud, S. (2002). Au-delà du principe de plaisir. In *OCF* (Vol. XV: *1916-1920*). Paris: PUF. (Trabalho original publicado em 1920.)

Freud, S. (2003a). Projeto para uma psicologia. In *Notas a Projeto de uma psicologia: as origens utilitaristas da psicanálise* (O. F. Gabbi Jr., trad.) (pp. 196-207). Rio de Janeiro: Imago, 2003. (Trabalho original publicado em 1895.)

Freud, S. (2003b). L'interprétation des rêves. In *OCF.P* (Vol. IV, pp. 203-286). Paris: PUF. (Trabalho original publicado em 1900.)

Freud, S. (2004). Pulsões e destinos da pulsão. In *ESB*. Rio de Janeiro: Imago. (Trabalho original publicado em 1915.)

Freud, S. (2006). Projet d'une psychologie. In *Lettres à Fliess* (pp. 593-650). Paris: PUF. (Trabalho original publicado em 1895.)

Freud, S. (2007). *La technique psychanalytique*. Paris: PUF-Quadrige. (Trabalho original publicado em 1904-1919.)

Freud, S. (2010a). Além do princípio do prazer. In *Obras completas* (Vol. 14: *História de uma neurose infantil, Além do princípio do prazer e outros textos*) (P. C. de Souza, trad.). São Paulo: Companhia das Letras. (Trabalho original publicado em 1920.)

Freud, S. (2010b). Constructions dans l'analyse. In *OCF.P* (Vol. XX, pp. 57-74). Paris: PUF. (Trabalho original publicado em 1937.)

Freud, S. (2010c). Novas conferências introdutórias à psicanálise [29. Revisão da teoria do sonho]. In *Obras completas* (Vol. 18: *O mal-estar na civilização, Novas conferências introdutórias à psicanálise e outros textos*) (P. C. de Souza, trad.). São Paulo: Companhia das Letras. (Trabalho original publicado em 1937.)

Freud, S. (2014). Inibição, sintoma e angústia. In *Obras completas* (Vol. 17: *Inibição, sintoma e angústia, O futuro de uma ilusão e outros textos*) (P. C. de Souza, trad.). São Paulo: Companhia das Letras. (Trabalho original publicado em 1926.)

Freud, S. (2017). Caminhos da terapia psicanalítica. In *Fundamentos da clínica psicanalítica* (pp. 191-202). Belo Horizonte: Autêntica. (Trabalho original publicado em 1919).

Freud, S. (2018a). Construções na análise. In *Obras completas* (Vol. 19: *Moisés e o monoteísmo, Compêndio de psicanálise e outros textos*) (P. C. de Souza, trad.). São Paulo: Companhia das Letras. (Trabalho original publicado em 1937.)

Freud, S. (2018b). Moisés e o monoteísmo. In *Obras completas* (Vol. 19: *Moisés e o monoteísmo, Compêndio de psicanálise e outros textos*) (P. C. de Souza, trad.). São Paulo: Companhia das Letras. (Trabalho original publicado em 1937.)

Green, A. (1960). L'œuvre de Maurice Bouvet. In *Revue Française de Psychanalyse, 24*(6), 687-704.

Green, A. (1973). *Le discours vivant.* Paris: PUF.

Green, A. (1983). *Narcissisme de vie, narcissisme de mort.* Paris: Minuit.

Green, A. (1995). L'objet et la fonction objectalisante. In *Propédeutique. La Métapsychologie révisitée* (pp. 229-266). Paris: Champ Vallon. (Trabalho original publicado em 1984.)

Green, A. (1997). *Les chaînes d'Eros: actualités du sexuel.* Paris: Odile Jacob.

Green, A. (2000). *Le temps éclaté.* Paris: Minuit.

Green, A. (2002a). *Idées directrices pour une psychanalyse contemporaine.* Paris: PUF.

Green, A. (2002b). *La pensée clinique.* Paris: Odile Jacob.

Green, A., & Coblence, F. (2006). *Les voies nouvelles de la thérapeutique psychanalytique: le dedans et le dehors.* Paris: PUF.

Janin, C. (1996). *Figures et destins du traumatisme* (col. Le fait psychanalytique). Paris: PUF.

Kestemberg, E. (1972). *La faim et le corps.* Paris: PUF.

Kestemberg, E. (2001). De la phobie du fonctionnement mental. In *La psychose froide* (pp. 215-221). Paris: PUF.

Kreisler, L. (1991). Les bases originaires de l'organisation psychosomatique: les capacités réceptives et réactives du bébé à la réponse somatique: les influences interactives primaires. *Revue Française de Psychosomatique, 1*, 169-184.

Kreisler, L., Fain, M., & Soulé, M. (1974). *L'Enfant et son corps.* Paris: PUF.

Korff-Sausse, S. (2003). Le visage du monde. L'auto-portrait et le regard de la mère. *Revue Française de Psychanalyse, 67*(2), 627-645.

Laplanche, J. (1987). Fondements: vers la théorie de la séduction généralisée. In *Nouveaux fondements pour la psychanalyse* (pp. 89-148). Paris: PUF.

Le Gouès, G. (2005). Le stade des rides. *Revue Française de Psychanalyse*, *69*(4), 1043-1060.

Marty, P. (1958). La relation objectale allergique. *Revue Française de Psychanalyse*, *XXII*(1), 5-35 [republicado em *Revue Française de Psychosomatique, 2006/1*(29), 7-30].

Marty, P. (1969). Notes cliniques et hypothèses à propos de l'économie de l'allergie. *Revue Française de Psychanalyse*, *33*(2), 243-253.

Marty, P. (1976). *Les mouvements individuels de vie et de mort. Essai d'économie psychosomatique* (T. I). Paris: Payot.

Marty, P. (1980). *L'ordre psychosomatique. Les mouvements individuels de vie et de mort. Essai d'économie psychosomatique* (T. II). Paris: Payot.

Marty, P. (1984). Des processus de somatisation. In M. Fain, & C. Desjours, *Corps malade et corps érotique*. Paris: Masson.

Marty, P. (1990). *La psychosomatique de l'adulte* (Que sais-je?). Paris: PUF.

Marty, P., & Fain M. (1955). L'importance du rôle de la motricité dans la relation d'objet. *Revue Française de Psychanalyse*, *19*(1-2), 205-322.

Marty, P., De M'Uzan, M., & David, C. (1963). *L'investigation psychosomatique – Sept observations cliniques*. Paris: PUF.

McDougall, J. (1989). *Les théâtres du corps: lepsychosoma en psychanalyse*. Paris: Gallimard.

McDougall, J. (2001). *Pladoyer pour une certaine anormalité*. Paris: Gallimard.

Moreau Ricaud, M. (2009). Ida Bauer, alias Dora. *Topique*, *108*(3), 135-142.

Ody, M. (2012). La psychanalyse, la réfléxivité et l'enfant. *Revue Française de Psychanalyse*, *76*(3).

Parat, C. (1982). Transfert et relation en analyse. *Revue Française de Psychanalyse*, *46*(2), 357-436.

Parat, C. (1995). *L'affect partagé* (col. Le fait psychanalytique). Paris: PUF.

Press, J. (1999). *La perle et le grain de sable. Traumatisme et fonctionnement mental* (Champs psychanalytiques). Paris: Delachaux et Niestlé.

Press, J. (2010). *La Construction du sens*. Paris: PUF.

Ribas, D. (2002). Chroniques de l'intrication et de la désintrication pulsionnelle. *Revue Française de Psychanalyse*, *5*(66), 1689-1770.

Rosenberg, B. (1998). Pulsions et somatisation. *Revue Française de Psychanalyse*, *LXII* (Numéro Spécial Congrès), 1682.

Rosenberg, B. (1999). *Masochisme mortifère et masochisme gardien de la vie* (Monographies de Psychanalyse). Paris: PUF.

Rosenberg, B. (2000). Masochisme et maladie. *Revue Française de Psychosomatique*, *18*, 13-18.

Roussillon, R. (2002). Agonie, clivage et symbolisation. *Revue Française de Psychanalyse*, *66*(1), 265-269.

Smadja, C. (1993). À propos des procédés autocalmants du Moi. *Revue Française de Psychosomatique*, *4*, 9-26.

Smadja, C. (1995). Les autocalmants ou le destin inachevé du sadomasochisme. *Revue Française Psychosomatique*, *8*.

Smadja, C. (2001a). Clinique d'un état de démentalisation. *Revue Française de Psychosomatique, 19.*

Smadja, C. (2001b). *La vie opératoire. Études psychanalytiques.* Paris: PUF.

Smadja, C. (2005). La place de l'affect dans l'économie psychosomatique. In J. Bouhsira, & H. Parat (Orgs.), *L'affect* (Monographies de la psychanalyse) (pp. 163-179). Paris: PUF.

Smadja, C. (2008). *Les modèles psychanalytiques de la psychosomatique.* Paris: PUF.

Smadja, C. (2011). Le travail de psychicisation du corps. *Revue Française de Psychosomatique, 39.*

Smadja, C. (2013). Deuil, mélancolie et somatisation. *Revue Française de Psychosomatique, 44.*

Smadja, C. (2014). Le modèle pulsionnel de la psychosomatique. *Revue Française de Psychosomatique, 45*, 11-30.

Spitz, R. (1968). *De la naissance à la parole.* Paris: PUF.

Szwec, G. (1993). *La psychosomatique de l'enfant allergique.* Paris: PUF.

Szwec, G. (1998). *Les galériens volontaires. Essais sur les procédés autocalmants.* Paris: PUF.

Szwec, G. (1999). La fonction maternelle du thérapeute, la mère morte, l'amante. *Revue Française de Psychosomatique, 16*, 7-18.

Szwec, G. (2002). La mère surintricante. *Revue Française de Psychanalyse, 5*(66), 1789-1797.

Tabacof, D. (2008). En quête d'Éros. *Revue Française de Psychosomatique, 1*(33), 163-179.

Tabacof, D. (2019). Sauver sa peau. *Revue française de psychosomatique, 1*(55), 157-171.

Tabacof, D. (2020). Clinique de l'excitation: le rôle de la fonction maternelle. In I. M. Kamieniak, & F. Nayrou (Orgs.), *Excitation* (col. Débats de psychanalyse). Paris: PUF.

Winnicott, D. (1974). Le rôle de miroir de la mère et de la famille dans le développement de l'enfant. *Nouvelle Revue de Psychanalyse*, *10*, 79-88.

Série Psicanálise Contemporânea

Adoecimentos psíquicos e estratégias de cura: matrizes e modelos em psicanálise, de Luís Claudio Figueiredo e Nelson Ernesto Coelho Junior

O brincar na clínica psicanalítica de crianças com autismo, de Talita Arruda Tavares

Budapeste, Viena e Wiesbaden: o percurso do pensamento clínico-teórico de Sándor Ferenczi, de Gustavo Dean-Gomes

Clínica da excitação: psicossomática e traumatismo, de Diana Tabacof

Do pensamento clínico ao paradigma contemporâneo: diálogos, de André Green e Fernando Urribarri

Do povo do nevoeiro: psicanálise dos casos difíceis, de Fátima Flórido Cesar

Expressão e linguagem: aspectos da teoria freudiana, de Janaina Namba

Fernando Pessoa e Freud: diálogos inquietantes, de Nelson da Silva Junior

Heranças invisíveis do abandono afetivo: um estudo psicanalítico sobre as dimensões da experiência traumática, de Daniel Schor

Histórias recobridoras: quando o vivido não se transforma em experiência, de Tatiana Inglez-Mazzarella

A indisponibilidade sexual da mulher como queixa conjugal: a psicanálise de casal, o sexual e o intersubjetivo, de Sonia Thorstensen

Interculturalidade e vínculos familiares, de Lisette Weissmann

Janelas da psicanálise: transmissão, clínica, paternidade, mitos, arte, de Fernando Rocha

O lugar do gênero na psicanálise: metapsicologia, identidade, novas formas de subjetivação, de Felippe Lattanzio

Os lugares da psicanálise na clínica e na cultura, de Wilson Franco

Metapsicologia dos limites, de Camila Junqueira

Nem sapo, nem princesa: terror e fascínio pelo feminino, de Cassandra Pereira França

Neurose e não neurose, 2. ed., de Marion Minerbo

A perlaboração da contratransferência: a alucinação do psicanalista como recurso das construções em análise, de Lizana Dallazen

Psicanálise e ciência: um debate necessário, de Paulo Beer

Psicossomática e teoria do corpo, de Christophe Dejours

Relações de objeto, de Decio Gurfinkel

O tempo e os medos: a parábola das estátuas pensantes, de Maria Silvia de Mesquita Bolguese

Tempos de encontro: escrita, escuta, psicanálise, de Rubens M. Volich

Transferência e contratransferência, 2. ed., de Marion Minerbo